Seguir Adiante
Salir Adelante

Endosso

Reconocimiento

'Este é um lindo trabalho, destacando não somente a vulnerabilidade das mulheres, mas também sua resiliência frente a todas as adversidades, e a proteção potente que dão a seus filhos e famílias. Este livro é um poderoso lembrete para todos os envolvidos na formulação de políticas de migração da importância de considerar as experiências das mulheres, em toda a sua complexidade.'

Professor Heaven Crawley, Diretora, Desenvolvimento Equitativo e Migração, Universidade das Nações Unidas - Centro de Pesquisas em Políticas Públicas; Diretora, UKRI GCRF Hub de Migração Sul-Sul, Desigualdade e Desenvolvimento (MIDEQ)

'Este es un trabajo hermoso, que destaca no solo la vulnerabilidad de las mujeres, sino también su resiliencia contra las adversidades y la feroz protección de sus hijos y familias. Este libro debería servir como un poderoso recordatorio para todos los involucrados en la formulación de políticas migratorias sobre la importancia de tener en cuenta las experiencias de las mujeres, en toda su complejidad.'

Profesora Heaven Crawley, Directora, Desarrollo Equitativo y Migración, Universidad de las Naciones Unidas - Centro de Investigación de Políticas; Directora, UKRI GCRF Centro de Migración Sur-Sur, Desigualdad y Desarrollo (MIDEQ)

'As fotografias e narrativas neste livro são profundas e comoventes. Sair Adiante é um convite para entender o deslocamento forçado e a luta por igualdade de direitos a partir do olhar de mulheres migrantes e é também um chamado para visibilizar suas jornadas e suas vidas.'

Leiza Brumat, Eurac Research

'Las fotografías y los testimonios de este libro son conmovedores y profundos. Salir Adelante es una invitación a comprender el desplazamiento forzado y la lucha por la igualdad de derechos a través de los ojos de las mujeres desplazadas así como también un llamado a hacer visibles sus caminos y sus vidas.'

Leiza Brumat, Eurac Research

'Al ofrecer el protagonismo a las propias migrantes, el libro informa, emociona e invita a la acción. Pasear por sus páginas es tener el privilegio de vislumbrar el cotidiano y las reflexiones de esas mujeres, con sus singularidades y sus vivencias comunes, sus fragilidades, pero también su extraordinaria resiliencia para salir adelante.'

Flávia Mantovani, jornalista da Folha de S.Paulo

'Ao oferecer protagonismo às próprias mulheres migrantes, este livro informa, emociona e convida à ação. Passear por suas páginas é ter o privilégio de vislumbrar o cotidiano e as reflexões dessas mulheres, com suas singularidades e vivências comuns, suas fragilidades, mas também sua extraordinária resiliência para seguir adiante.'

Flávia Mantovani, periodista del Folha de S.Paulo

Seguir Adiante

Saúde, cuidado e violência vistos pelo olhar de
migrantes venezuelanas no Brasil

Salir Adelante

*La salud, el cuidado y la violencia vistos a través de
los ojos de venezolanas desplazadas en Brasil*

Pía Riggirozzi, Bruna Curcio, Tallulah Lines, Natalia Cintra

Practical
ACTION
PUBLISHING

LAB
LATIN AMERICA BUREAU

Sí, fue un desafío pos que primera vez
que saco una foto hablando sobre mi
vida y mi proceso de violencia que viví
durante el tiempo que trabajo aquí en
Brasil violencia laboral, sexual, psicológico
e maltrato físico

4- Esto fue un desafío durante la migración porque...
fue un desafío porque estuvieron separado
Por 2 Año de su papá, esposo e hijos y
al momento de la unión familiar tuvieron
que pasar por trocha, llorar fueron sentimientos
muy fuerte para ambos tanto por dejar su país
como para la unión familiar

5- ¿Qué dice la foto?
Es el resultado de una planificación
grande resultado y más al
familiar ... cuando estando en
mome...
esto...

Otro (explicar)
Violencia y abuso
4- Esto fue un desafío durante la migración porque
Fue desde antes de la Migración
donde fui víctima de abuso
y violencia doméstica

4- Esto fue un desafío durante la migración porque...
Porque no fue fácil ya q
abuso psicológico, amenazas e l
frustación mental.

al mom...
que pasar por
muy fuerte para ambos
como para la unión familiar

La educación sexual.
Otro (explicar) Amor verdadero
4- Esto fue un desafío durante la migración porque...
El camino que tuvimos que recorrer para darle
lo mejor a nuestros hijos, siempre juntos

5- ¿Qué dice la foto?
Para mí es el camino que recorremos por nuestros hijos
Pero siempre hacia a la Luz

4- Esto fue un desafío durante la migración porque...
Había Hombre que Pensaron
que Por ser venezolana y veníamos
huyendo del Hambre de la necesidad
Pensaron que Podía abusar o insinuar
Paho Por el cuerpo de uno y muchas
veces le decían Palabras Fea

5- ¿Qué dice la foto?
abuso sexual

...no f
...icológico, amenazas e mucha

Otro (explicar)
Violencia y abuso
4- Esto fue un desafío durante la migración porque...
de que ella llegó aquí con
su familia buscando una mejor vida
y su pareja se separa de
ella se siente sola vacía ella y
ahora ella tenga que hacer otra
vida y enfrentarse a un nuevo nivado.

5- ¿Qué dice la foto?
Ya que su esposo la dejo sola con sus
cuatro hijos a ella le toco en varias
ocasiones vender su cuerpo para
poder alimentar a sus hijos.
5- ¿Qué dice la foto?

5- ¿Qué dice la foto?
Esta Chica es una amistad mía
Ella esta triste porque su pareja la dejo
y ella no encuentra que hacer esta desesperada
triste no encuentra que hacer se quiere ir para
Venezuela y yo le digo que se quede tranquila
que dios la va a vendecir en otra cosa
... or.

5- ¿Qué dice la foto?
La violencia que vive las mujeres
cada día en silencio y aguanta
Por sus hijos todo el sufrimiento

...durante la migración porque...
...safío porque estuvieron se...
...eso e Hijos y
...TO

5- ¿Qué dice la foto?
una mujer maltratada
triste y pasen de todas
esas cosas sigue de p...

Otro (explicar)
Violencia y abuso
4- Esto fue un desafío durante la migración porque...
de que ella llegó aq
Su familia llegó aq
y su...

4- Esto fue un desafío durante la migración porque...
Porque no fue fácil ya que hubo
abuso, psicológico, amenazas e mucha
frustación mental.

...familias tuvieron
...llorar fueron sentimientos
...Ambos tanto por dejar su país
...unión familiar

5- ¿Qué dice la foto?
Es el resultado de una planificación
familiar con ...

5- ¿Qué dice la foto?
Es el resultado de una planific...
...rande resultado y

Dedicado a todas as mulheres e meninas migrantes.

Dedicado a todas las mujeres y niñas migrantes.

Publicado por Practical Action Publishing Ltd
e Latin America Bureau

Practical Action Publishing Ltd
25 Albert Street, Rugby,
Warwickshire, CV21 2SG, Reino Unido
www.practicalactionpublishing.com

Latin America Bureau (Research & Action) Ltd
Enfield House, Castle Street, Clun, Shropshire, SY7 8JU, Reino Unido
www.lab.org.uk

ISBN 978-1-90901-434-3 Capa Comum
ISBN 978-1-90901-435-0 Capa dura
ISBN 978-1-90901-436-7 E-book

Riggirozzi, P., Curcio, B., Lines, T., Cintra, N., (2023) *Seguir Adiante / Salir Adelante: Saúde, cuidado e violência vistos pelo olhar de migrantes venezuelanas no Brasil / La salud, el cuidado y la violencia vistos a través de los ojos de venezolanas desplazadas en Brasil*, Rugby, UK: Practical Action Publishing and Latin America Bureau, http://doi.org/10.3362/9781909014367.

Desde 1971, a Practical Action Publishing publica e dissemina livros e informações sobre desenvolvimento internacional em todo o mundo. A Practical Action Publishing é o nome comercial da Practical Action Publishing Ltd (Company Reg. No. 1159018), editora de propriedade da Practical Action. A Practical Action Publishing trabalha apenas dando suporte aos objetivos da ONG matriz da qual faz parte, e quaisquer lucros obtidos são destinados à Practical Action (Charity Reg. No. 247257, Group VAT Registration No. 880 9924 76).

A Latin America Bureau (Research and Action) Ltd é uma ONG registrada no Reino Unido (no. 1113039). Desde 1977, a LAB publica livros, notícias, análises e informações sobre a América Latina, noticiando de maneira consistente as perspectivas das comunidades mais pobres, oprimidas ou marginalizadas da região, bem como de seus movimentos sociais. Em 2015, a LAB começou uma parceria editorial com a Practical Action Publishing.

As opiniões emitidas nesta publicação são das autoras e não representam a Practical Action Publishing Ltd, nem sua entidade filantrópica, Practical Action, ou a Latin American Bureau. Esforços razoáveis foram feitos para publicar dados e informações confiáveis, mas as autoras e editores não podem assumir responsabilidade pela validade de todos os materiais ou pela consequências de seu uso.

As autoras e os editores fizeram de tudo para obter as devidas permissões de uso de texto e imagens deste livro.

Imagem da capa, titulo: Por nossos filhos, sempre haverá luz
Crédito: Royra
Typeset by vPrompt eServices, India
Impressa no Reino Unido

Índice

As autoras

Pía Riggirozzi é Professora de Política Internacional na Universidade de Southampton, Reino Unido. Sua pesquisa se concentra na economia política do desenvolvimento, direitos humanos, e integração regional na América Latina. Atualmente desenvolve projetos de pesquisa sobre desigualdades de gênero na saúde, pobreza, e desenvolvimento inclusivo na América Latina, financiados pelo Conselho de Pesquisa Econômica e Social e pelo Conselho de Pesquisa Médica do Reino Unido. Pía é pesquisadora principal do projeto 'Reparando as desigualdades de gênero na saúde de mulheres e meninas deslocadas em contextos de crise prolongada na América Central e do Sul' (ReGHID). Publicou sobre esses temas nos periódicos *New Political Economy, Development and Change, Review of International Studies, e Economy and Society*, entre outros. Informações sobre os projetos e publicações de Pía podem ser encontradas em http://www.southampton. ac.uk/policy/about/staff/pr6g09.page

Bruna Curcio é comunicóloga, fotógrafa documentarista, e cineasta independente. Formou-se pela Universidade Anhembi Morumbi em 2013 em Comunicação Social com especialização nos EUA em Cinema pela *Santa Fe University Of Arts and Design*. Atua há mais de 10 anos na indústria audiovisual nacional e internacional produzindo e gerenciando projetos. Atualmente situada em Manaus, Brasil, ela trabalha para o projeto ReGHID como coordenadora local. O trabalho de Bruna centra o audiovisual como ferramenta de compartilhamento de cultura e conhecimento, divulgação de informações, promoção da inclusão social e proteção ao meio ambiente. Mais informações sobre seu trabalho e projetos podem ser encontradas em http://www.brunacurcio.com

Tallulah Lines é pesquisadora associada do projeto ReGHID financiado pelo ESRC. Ela trabalha no Departamento de Política da Universidade de York, onde também é doutoranda. Seu doutorado trata do impacto político de intervenções artísticas feministas no México. Antes de iniciar seu doutorado, Tallulah completou mestrado em

Pía Riggirozzi es Profesora de Política Internacional en la Universidad de Southampton, Reino Unido. Su investigación se centra en la economía política del desarrollo, los derechos humanos, y la integración regional en América Latina. Actualmente trabaja en proyectos de investigación sobre desigualdades de género en salud, pobreza, y desarrollo inclusivo en América Latina, financiados por el Consejo de Investigación Económica y Social, y el Consejo de Investigación Médica del Reino Unido. Pía es investigadora principal en el proyecto "Reparando las desigualdades de género en salud de las mujeres y niñas desplazadas en contextos de crisis en América Central y del Sur" (ReGHID). Ha publicado sobre estos temas en New Political Economy, Development and Change, Review of International Studies, y Economy and Society, entre otros. Puede encontrar información sobre sus proyectos y publicaciones en http://www.southampton. ac.uk/policy/about/staff/pr6g09.page

Bruna Curcio es comunicóloga, fotógrafa documental y cineasta independiente. Se graduó en Comunicación Social con especialización en Cine de la Santa Fe University of Arts and Design, Estados Unidos. Actualmente radicada en Amazonas, Brasil, trabajó como coordinadora local de la metodología fotovoz en el proyecto ReGHID y también dirigió el documental homónimo del proyecto, 'Salir Adelante'. Bruna diseña, produce y gestiona proyectos audiovisuales. Su trabajo se centra en los medios audiovisuales como herramienta para compartir la cultura y el conocimiento, para difundir información, promover la inclusión social y proteger el medio ambiente. Puede encontrar más información en http://www. brunacurcio.com

Tallulah Lines es investigadora asociada del proyecto ReGHID. Trabaja en el Departamento de Política de la Universidad de York, donde también es candidata al doctorado. Su doctorado trata sobre el arte creado por mujeres como parte de su acción colectiva contra la violencia de género. Antes de comenzar su doctorado, Tallulah completó su Maestría en Investigación en

Estudos da Mulher, bem como mestrado em pesquisa social na Universidade de York. Seus interesses acadêmicos incluem feminismo e gênero na América Latina, arte crítica, movimentos sociais e direitos humanos. Se interessa particularmente em usar metodologias criativas e participativas de pesquisa. Tallulah vive e trabalha entre o Reino Unido e a América Latina desde 2015, participando de projetos artísticos e ativistas inclusive como co-fundadora do coletivo de arte feminista *Las Iluministas*.

Natalia Cintra é pesquisadora pós-doutoral no projeto ReGHID, na Faculdade de Ciências Econômicas, Sociais e Políticas da Universidade de Southampton. Doutora em Direito pela PUC-Rio, sua pesquisa se concentra em migração, refúgio, raça e gênero, direitos humanos, e cidadania na América Latina. Tem experiência em metodologias qualitativas. Antes de ingressar em seu cargo na Universidade de Southampton, ocupou cargos legais em organizações sem fins lucrativos no Reino Unido e no Brasil em relação aos direitos dos refugiados e migrantes nesses países. Também ocupou cargos de pesquisa e ensino em várias instituições e projetos na América Latina e é membra de diferentes redes de pesquisa para os direitos dos refugiados e migrantes.

Estudios de la Mujer y una Maestría en Investigación Social en la Universidad de York. Los intereses de investigación de Tallulah incluyen el feminismo y el género en América Latina, el arte crítico, los movimientos sociales y los derechos humanos. Está particularmente interesada en la utilización de las metodologías creativas y participativas en sus investigaciones. Tallulah ha vivido y trabajado entre el Reino Unido y América Latina desde el 2015, participando en proyectos artísticos y activistas como la co-fundación de la colectiva de arte feminista Las Iluministas.

Natalia Cintra *es investigadora postdoctoral en el proyecto ReGHID en la Facultad de Ciencias Económicas, Sociales y Políticas de la Universidad de Southampton. Doctora en Derecho por PUC-Rio, su investigación se centra en la migración, el asilo, la raza y el género, los derechos humanos, la ciudadanía en América Latina. Tiene experiencia en metodologías cualitativas. Antes de su puesto en la Universidad de Southampton, ocupó cargos legales en organizaciones sin fines de lucro en el Reino Unido y Brasil en relación con los derechos de las personas refugiadas y migrantes en estos países. También ocupó cargos académicos en investigación y docencia en varias instituciones y proyectos en América Latina y es miembro de diferentes redes de investigación por los derechos de las personas refugiadas y migrantes.*

Agradecimentos

Como todo projeto colaborativo, este livro é o resultado de uma ação coletiva. É um reflexo do pensamento compartilhado e da defesa apaixonada dos direitos humanos de mulheres e adolescentes refugiadas e migrantes. Fomos tocadas pelas situações enfrentadas pelas mulheres migrantes venezuelanas que encontramos ao longo deste projeto. Aprendemos com elas sobre amor, fé e sobrevivência, e sua visão positiva do futuro, apesar dos desafios e dificuldades que enfrentam em seus cotidianos, como mulheres migrantes. Fomos convidadas a conhecer suas vidas e histórias profundamente comoventes, bem como suas esperanças e preocupações pelas quais somos imensamente gratas. Esperamos que este livro, como parte integrante do projeto 'Redressing Gendered Health Inequalities of Displaced Women and Girls in Contexts of Crisis in Central and South America' (ReGHID), contribua para melhorar a situação de vida dessas mulheres e a de muitos outros migrantes, agora e nos próximos anos.

Também somos gratas às co-pesquisadoras do projeto ReGHID: Professora Zeni Lamy, da Universidade Federal do Maranhão (Brasil); Professora Maria Do Carmo Leal, da Fundação Fiocruz – Rio de Janeiro (Brasil); Rita Bacuri, da Fundação Fiocruz – Manaus (Brasil); e especialmente Adriana Rodriguez, migrante da América Central e hoje parte comprometida e dedicada da comunidade brasileira, apoiando muitos outros migrantes no Brasil. O apoio na concepção da metodologia e para acessar abrigos e mulheres e adolescentes migrantes foi fundamental para o desenvolvimento deste projeto. Agradecemos aos coordenadores dos abrigos Casa de Acolhimento Tarumã Açú II e Serviço de Acolhimento Institucional Para Adultos e Famílias SAIAF Coroado, bem como à Associação Hermanitos, organização não governamental que apoia os direitos dos migrantes venezuelanos, os quais facilitaram espaços e recursos para a realização de entrevistas e grupos focais com as participantes deste projeto. Finalmente, gostaríamos de expressar nossos agradecimentos ao Professor David Owen (Universidade de Southampton) e Jean

Como todo proyecto colaborativo, este libro es el resultado de una acción colectiva. Es un reflejo genuino del pensamiento compartido y la defensa apasionada de los derechos humanos de las mujeres y niñas refugiadas y migrantes. Nos han conmovido varias de las muchas situaciones de mujeres y niñas migrantes venezolanas que hemos conocido. Hemos aprendido de ellas sobre el amor, la esperanza y la persistencia, y sobre su visión positiva del futuro a pesar de los desafíos y las dificultades que enfrentan en su vida cotidiana, como mujeres y como migrantes. Hemos sido invitadas a ver sus vidas, hemos compartido historias de vida, esperanzas e inquietudes profundamente conmovedoras por lo que estamos inmensamente agradecidas. Esperamos que este libro, que es parte de un proyecto más grande llamado Reparando las desigualdades de género en salud de las mujeres y niñas desplazadas en contextos de crisis en América Central y del Sur (ReGHID, por su sigla en inglés), contribuya a mejorar sus circunstancias y las de muchas migrantes, ahora y en el futuro.

También estamos en deuda con las co-investigadoras del proyecto ReGHID: Profesora Zeni Lamy, de la Universidad Federal do Maranhão (Brasil); Profesora Maria Do Carmo Leal, de la Fundación Fiocruz, Rio de Janeiro (Brasil); Rita Bacuri en la Fundación Fiocruz, Manaus (Brasil); y muy especialmente con Adriana Rodríguez, una migrante de Centroamérica y una persona comprometida y dedicada con de la comunidad que ayuda a muchas otras migrantes en Brasil. Su apoyo en el diseño de la metodología y el acceso a los albergues y a las mujeres y niñas migrantes fue central para el desarrollo de este proyecto. Agradecemos a los coordinadores de los albergues Casa de Acolhimento Tarumã Açú II y Serviço de Acolhimento Institucional Para Adultos e Famílias SAIAF Coroado, así como a la Associação Hermanitos, una organización no gubernamental que trabaja con las migrantes venezolanas y en apoyo a sus derechos que facilitó espacio y recursos para la realización de entrevistas y grupos focales con los participantes de este

Grugel (Universidade de York) por seus comentários e sugestões úteis e perspicazes que em muito ajudaram a melhorar a clareza do livro. Também nossos agradecimentos a Claudia Drake pelo suporte administrativo e de tradução ao espanhol.

Este trabalho e o projeto ReGHID foram viabilizados pelo apoio financeiro do Economic and Social Research Council (ESRC) [concessão número ES/T00441X/1].

Agradecemos aos Amigos do LAB por seu apoio: Jon Barnes, Malcolm Coad, Paul Garner, Ivette Hernandez, Elizabeth Lethbridge, Mandy Macdonald, Sophie M., Nick Parker, Shankari Patel, David Raby, Bert Schouwenburg, Rachel Sieder, Pat Stocker, Nick Terdre e David Treece.

proyecto. Finalmente, deseamos expresar especialmente nuestro agradecimiento al Profesor David Owen (Universidad de Southampton) y la Profesora Jean Grugel (Universidad de York) por sus comentarios y sugerencias que ayudaron enormemente a mejorar la claridad del libro. También nuestro agradecimiento a Luiz Almeida por el diseño de la primera versión del prototipo y a Claudia Drake por el apoyo administrativo y de traducción.

Este trabajo y el proyecto ReGHID fueron posibles gracias al apoyo financiero del Consejo de Investigación Económica y Social (ESRC) [número de subvención ES/T00441X/1].

Gracias a los Amigos de LAB por su apoyo: Jon Barnes, Malcolm Coad, Paul Garner, Ivette Hernandez, Elizabeth Lethbridge, Mandy Macdonald, Sophie M., Nick Parker, Shankari Patel, David Raby, Bert Schouwenburg, Rachel Sieder, Pat Stocker, Nick Terdre, y David Treece.

Lista de abreviaturas e siglas

ACNUDH – Alto Comissariado das Nações Unidas para os Direitos Humanos

ACNUR – Alto Comissariado das Nações Unidas para os Refugiados

CONARE – Comitê Nacional para os Refugiados

ESRC – Conselho de Pesquisa Econômica e Social

Fiocruz – Fundação Oswaldo Cruz

ODS – Objetivos de Desenvolvimento Sustentável

OIM – Organização Internacional para as Migrações

ONG – Organização Não-Governamental

OPS – Organização Panamericana da Saúde

R4V – Plataforma Regional de Coordenação Interagências para Refugiados e Migrantes Venezuelanos

ReGHID – Reparar as Desigualdades de Gênero em Saúde de Mulheres e Adolescentes Deslocadas em Contextos de Crise Prolongada na América Central e do Sul

UNFPA – Fundo de População das Nações Unidas

ACNUDH – Alto Comisionado de las Naciones Unidas para los Derechos Humanos

ACNUR – Alto Comisionado de las Naciones Unidas para los Refugiados

CONARE – Comité Nacional para los Refugiados

ESRC – Consejo de Investigación Económica y Social

Fiocruz – Fundação Oswaldo Cruz

ODS – Objetivo de Desarrollo Sostenible

OIM – Organización Internacional para las Migraciones

ONG – Organizaciones no gubernamentales

OPS – Organización Panamericana de la Salud

R4V – Plataforma Regional de Coordinación Interagencial para los Migrantes Venezolanos

ReGHID – Reparando las desigualdades de género en salud de las mujeres y niñas desplazadas en contextos de crisis en América Central y del Sur

UNFPA – Fondo de Población de las Naciones Unidas

Até setembro de 2022, mais de sete milhões de venezuelanos deslocados estavam fora de seu país e espalhados pela América Latina. Um quinto deles se dirigiu ao Brasil (R4V, 2022).

As crises políticas, econômicas, de direitos humanos e humanitárias na Venezuela criaram um misto de fatores que forçaram os venezuelanos a fugir de seu país. Dificuldades em acessar remédios e materiais hospitalares, bem como a falta de alimento, tornaram as necessidades básicas de subsistência difíceis de serem atendidas. De acordo com o *International Rescue Committee* (2022), um terço da população venezuelana, ou seja, 9.3 milhões de pessoas, foram vítimas de insegurança alimentar aguda em 2019; 14 por cento de todas as crianças menores de cinco anos na Venezuela sofreram desnutrição global aguda; e 57 por cento das mulheres grávidas estão desnutridas. Consequentemente, pobreza, fome e um sistema de saúde em ruínas, forçaram o movimento de muitos venezuelanos para países vizinhos.

Os fluxos migratórios da Venezuela têm passado por mudanças significativas nos últimos anos, haja vista que, cada vez mais, e como nunca antes, mulheres e meninas deixam o seu país (*CARE International*, 2020). Há uma série de razões pessoais e políticas interrelacionadas que levam à essa difícil decisão (ou, na verdade, à necessidade) de migrar. Os riscos enfrentados durante o processo de deslocamento e ao chegar a um país estrangeiro são diversos.

Para todos os migrantes, suas vulnerabilidades aumentam durante e devido ao deslocamento, mas o que se torna cada vez mais claro é que situações de deslocamento não são neutras em relação ao gênero de quem migra. As fotos e depoimentos neste livro demonstram como mulheres e meninas adolescentes migrantes enfrentam alguns riscos específicos devido à violência de gênero, saúde sexual e reprodutiva, além das dificuldades que encontram para cuidar de si mesmas e de suas famílias. Esses três eixos estão interconectados. Frequentemente, mulheres e meninas migrantes enfrentam a

En diciembre de 2022, más de 7 millones de personas venezolanas desplazadas vivían en otras partes de América Latina, siendo Brasil un importante país de acogida (R4V, 2022).

La crisis política, económica, humanitaria y de derechos humanos en Venezuela ha creado una mezcla de factores que hacen que los venezolanos y las venezolanas abandonen el país. La grave escasez de medicamentos, suministros médicos y alimentos ha hecho que sea extremadamente difícil para muchas personas poder satisfacer sus necesidades más básicas. Según el International Rescue Committee (2022), un tercio de la población de Venezuela, es decir, 9,3 millones de personas, ha sufrido inseguridad alimentaria aguda desde 2019; el 14 por ciento de los niños y niñas menores de cinco años en Venezuela sufrieron desnutrición aguda; y el 57 por ciento de las mujeres embarazadas están desnutridas. Como consecuencia, la pobreza, el hambre y el desmoronamiento del sistema de salud han empujado a muchos venezolanos a los países vecinos.

Los flujos migratorios desde Venezuela han cambiado en los últimos años, y más y más mujeres y niñas que como nunca abandonan el país (CARE International, 2020). Hay una miríada de razones personales y políticas complejas e interseccionales que impulsan la difícil decisión (o, de hecho, la necesidad) de migrar. Los riesgos a los que se enfrentan a lo largo del proceso de viaje y asentamiento son múltiples.

Para todas las personas migrantes, las vulnerabilidades aumentan durante y debido al desplazamiento, pero lo que se vuelve cada vez más claro es que las situaciones de desplazamiento no son neutrales en cuanto al género. Las fotos y testimonios de este libro muestran cómo las mujeres y las adolescentes migrantes enfrentan riesgos particulares relacionados con el autocuidado y el cuidado de sus familias, la violencia de género y la salud sexual y reproductiva. Estas tres cuestiones están interconectadas. A menudo, las mujeres y niñas migrantes se enfrentan a una carga

responsabilidade desproporcional de serem as principais, ou únicas, cuidadoras de seus filhos e famílias, sobrando a elas poucos recursos para cuidarem de si mesmas. Isso as coloca em situações de insegurança e sujeitas a danos emocionais e físicos ainda maiores. Neste livro, nós examinamos essas questões com um foco na migração forçada de mulheres e meninas adolescentes que se deslocaram no corredor migratório Sul-Sul da Venezuela até o Brasil.

Migração, e particularmente a migração forçada, é um determinante social de saúde, especialmente saúde sexual e reprodutiva, e de outras desigualdades interrelacionadas. Mulheres e meninas que são forçadas a fugir correm maior risco de estupro, tráfico de pessoas, e agressão sexual, bem como de outras formas de abuso e discriminação. Apesar disso, salvaguardar o direito à saúde para todos, e em particular de mulheres e meninas em deslocamento, ainda é um grande desafio. Além disso, os custos (materiais, físicos e emocionais) derivados das responsabilidades de cuidar, especialmente em ambientes inseguros, afetam sua saúde e bem-estar no deslocamento, bem como suas possibilidades e oportunidades de integração nas sociedades onde residem. Receber informação, acesso e atenção holística no contexto de assistência médica em saúde sexual e reprodutiva, é, portanto, essencial para o exercício de seus direitos humanos. Entretanto, na prática, as necessidades e os direitos de mulheres e meninas migrantes são repetidamente ignorados, negados, ou não são vistos como prioritários.

Para muitas migrantes forçadas, situações de vulnerabilidade, dependência e irregularidade, tanto no deslocamento quanto ao se estabelecerem em algum país, agravaram-se desde o começo da pandemia de COVID-19, devido aos fechamentos de fronteira e às crescentes dificuldades em acessar refúgio ou permissões legais de entrada e residência. Tendo em vista que as razões para a migração forçada não desapareceram com a pandemia (e, em muitos casos, na verdade, se intensificaram), mais mulheres migraram indocumentadas, na esperança de encontrar proteção, melhores oportunidades

desproporcionada del cuidado de otras personas y hay una falta de atención y protección adecuadas para ellas, lo que a su vez las coloca en situaciones de inseguridad y en riesgo de daños emocionales y físicos. En este libro, examinamos estos temas enfocándonos en las migrantes forzadas; mujeres y adolescentes desplazadas en el corredor migratorio Sur-Sur de Venezuela a Brasil.

La migración y, en particular, la migración forzada es un determinante de la salud, especialmente de la salud sexual y reproductiva, y de otras desigualdades relacionadas. Las mujeres y niñas obligadas a huir corren un mayor riesgo de sufrir violación, trata de personas y agresión sexual, así como otras formas de abuso y discriminación. Sin embargo, salvaguardar el derecho a la salud para todas las personas, y en particular para las mujeres y niñas durante el desplazamiento y en lugares de residencia temporal o permanente, sigue siendo un desafío importante. Además, los costos (materiales, físicos y emocionales) del cuidado, especialmente en los entornos inseguros, a veces aterradores y amenazantes que atraviesan las mujeres y niñas migrantes, también afectan su salud y bienestar, así como sus oportunidades de integración en las sociedades de acogida. Recibir información, acceso y una atención holística relacionada con redes de protección, seguridad y atención médica, sobre todo sexual y reproductiva, debe ser parte del apoyo a la realización de sus derechos humanos, en cada etapa de su viaje y asentamiento. En la práctica, sin embargo, las necesidades y los derechos de las mujeres y niñas son repetidamente relegados a un segundo plano, ignorados o negados.

Para muchas migrantes forzadas, las situaciones de vulnerabilidad, dependencia e irregularidad mientras están migrando y en la etapa del asentamiento se han vuelto aún más desesperadas desde el inicio de la pandemia de Covid-19, debido al cierre adicional de fronteras y al menor acceso a asilo y a permisos legales de asentamiento. Dado que los factores que motivan la migración no desaparecieron con la pandemia (en muchos casos, se intensificaron), más mujeres migran

de emprego e serviços de saúde. Barreiras para a migração regular, exacerbadas pela COVID-19, contribuíram para tornar mulheres e adolescentes migrantes ainda mais invisíveis. Consequentemente, as políticas elaboradas em resposta a essa dinâmica migratória nem sempre reconhecem os danos relacionados ao gênero sofridos por mulheres e adolescentes migrantes e, portanto, falham em combatê-los e evitá-los de maneira efetiva.

Mulheres e meninas migrantes marginalizadas e invisibilizadas têm menos probabilidade de encontrar informações apropriadas e oportunas sobre seus direitos de saúde sexual e reprodutiva. Têm também mais dificuldades em acessar recursos que possam responder às suas necessidades e direitos em assistência à saúde e de encontrar oportunidades para comunicar suas experiências e prioridades aos provedores de serviços e tomadores de decisão, de forma a apoiar a efetiva aplicação das políticas migratórias. Neste sentido, mulheres e adolescentes migrantes são forçadas a fazer escolhas para lidar com os riscos que elas enfrentam devido ao seu gênero e status migratório, e devido a lacunas em sistemas de proteção. Essas escolhas desesperadas podem fazer com que elas sofram ainda mais riscos à sua própria saúde, bem-estar e à sua dignidade de forma mais ampla, como será demonstrado neste livro.

O que chama a atenção é que a constante esperança de uma vida melhor e mais segura para si e suas famílias leva muitas mulheres e adolescentes a migrar e a buscar mecanismos de sobrevivência.

Muito embora haja estudos e relatórios oficiais que documentam os aspectos e impactos de gênero inerentes à natureza da migração e dos riscos à saúde, ainda não há atenção suficiente dada às necessidades de saúde sexual e reprodutiva de mulheres e meninas deslocadas em trânsito e em seus locais de residência, nem como elas conseguem sobreviver e enfrentar os desafios encontrados nessas experiências, inclusive no que se refere às responsabilidades de cuidado durante o deslocamento e ao chegar a um país estrangeiro.

indocumentadas con la esperanza de encontrar mejores trabajos y servicios de salud, apoyar a la familia que se queda atrás y/o encontrar protección contra las violaciones de sus derechos en su país de origen, entre otras razones. Las barreras a la migración regular, exacerbadas por el Covid-19, han contribuido a invisibilizar a (muchas) mujeres y niñas y a los desafíos a los que se enfrentan. En consecuencia, las respuestas políticas a la migración han sido susceptibles de marginar los riesgos y daños de género y, por lo tanto, no han sido abordados de manera efectiva.

Las mujeres y niñas migrantes marginadas e invisibilizadas tienen menos probabilidades de encontrar información apropiada y oportuna sobre sus derechos en cuanto a la salud sexual y reproductiva, acceder a recursos que puedan responder a sus necesidades y derechos de atención médica, y encontrar oportunidades para comunicar sus experiencias y prioridades a los proveedores de servicios y los responsables de la toma de decisiones de forma que apoye la implementación efectiva de políticas en el terreno. En este contexto, las mujeres y adolescentes migrantes se ven obligadas a tomar decisiones para responder a los riesgos que enfrentan, debido a su género o su condición migratoria y a las brechas en los sistemas de protección. Estas elecciones, muchas veces desesperadas, pueden hacer que asuman aún más riesgos para su salud, su bienestar y su dignidad en general, como se ilustra en este libro.

Lo que llama la atención es la tenaz esperanza de una vida mejor y más segura para ellas y su familia, que impulsa a muchas mujeres y adolescentes a migrar, y a buscar y crear mecanismos de supervivencia.

Si bien hay un mayor conocimiento y cada vez más informes oficiales que documentan la naturaleza inherente de género de la migración y los riesgos para la salud, todavía no se presta suficiente atención a las necesidades de salud sexual y reproductiva de las mujeres y niñas desplazadas en tránsito y en los lugares de residencia, así como a la forma en que explican su experiencia

Além disso, embora a migração e a proteção de migrantes tenham emergido como temas centrais em uma série de agendas de governança internacionais e nacionais – como demonstra o Pacto Global para uma Migração Segura, Ordenada e Regular, o Pacto Global sobre Refugiados e os Objetivos de Desenvolvimento Sustentável (ODS) – é necessário fazer mais para ampliar a compreensão sobre esses temas e agir mais efetivamente para corrigir as desigualdades de gênero e os impactos para a saúde durante e devido à migração (forçada).

Escutar mulheres e adolescentes migrantes é uma etapa essencial para reparar as desigualdades e danos de gênero em contexto migratório. As fotos, depoimentos e a pesquisa em que se baseiam este livro objetivam, portanto, dar voz a mulheres e meninas migrantes, por meio da reunião e compartilhamento de seu conhecimento, experiências e sua própria caracterização dos riscos e perigos específicos de gênero enfrentados durante o processo migratório.

Essa tarefa é central nos objetivos do projeto de pesquisa internacional e interdisciplinar *Redressing Gendered Health Inequalities of Displaced Women and Girls in Contexts of Protracted Displacement in Central and South America* (ReGHID), que apoia as atividades de pesquisa reunidas neste livro.

A pesquisa do ReGHID é financiada pelo Conselho Econômico e Social do Reino Unido (ESRC, pela sigla original em inglês) e é coordenado pela Universidade de Southampton, com apoio da Universidade de York, ambas no Reino Unido, além da FLACSO (El Salvador), Universidade Federal do Maranhão (Brasil), Fundação Oswaldo Cruz (Brasil), e Universidade de los Andes (Colômbia). O objetivo geral do projeto ReGHID é compreender como a migração impacta a saúde sexual e reprodutiva e o bem-estar de mulheres e adolescentes migrantes, e aprender, a partir da fala das próprias mulheres e adolescentes, quais são suas principais necessidades, a fim de garantir sua saúde sexual e reprodutiva, capacidade de cuidar de si e dos outros com segurança e viver uma vida livre de

de supervivencia, incluida la necesidad de enfrentar desafíos relacionados con la atención de salud durante la migración y en el asentamiento. Además, si bien la migración y la protección de las personas migrantes se han convertido en temas centrales de agendas internacionales y nacionales, lideradas en gran medida por el Pacto Mundial para una Migración Segura, Ordenada y Regular, el Pacto Mundial sobre Refugiados y los Objetivos de Desarrollo Sostenible (ODS), se necesita hacer más para comprender y actuar a fin de corregir las desigualdades de género y las consecuencias para la salud durante y debido a la migración (forzada).

Es esencial escuchar a las mujeres y adolescentes migrantes. Las fotografías, los testimonios y la investigación que sustentan este libro tienen como objetivo dar voz a las mujeres y niñas migrantes, y recopilar y compartir sus conocimientos, experiencias y representaciones en cuanto a los riesgos y peligros específicos de género asociados con el modo y la duración del viaje, su situación legal, las políticas y la infraestructura de protección, refugio y servicios de salud.

Esta tarea es fundamental para los objetivos del proyecto internacional de investigación interdisciplinaria Redressing Gendered Health Inequalities of Displaced Women and Girls in Contexts of Protracted Displacement in Central and South America *(ReGHID), que apoya las actividades de investigación recopiladas en este libro.*

ReGHID está financiado por el Consejo de Investigación Económica y Social (ESRC) en el Reino Unido y dirigido por la Universidad de Southampton (Reino Unido) en cooperación con la Universidad de York (Reino Unido), FLACSO (El Salvador), la Universidad Federal de Maranhão (Brasil), la Fundação Oswaldo Cruz (Brasil) y la Universidad de los Andes (Colombia). Su objetivo general es comprender cómo la migración impacta en la salud sexual y reproductiva y el bienestar de las mujeres y adolescentes migrantes, y escuchar de las propias migrantes cuáles son sus principales necesidades, a fin de

violência de gênero durante o deslocamento e nos seus locais de residência.

O contexto brasileiro

O Brasil tem uma história longa e estabelecida de política migratória e de proteção a migrantes e refugiados. O país ratificou a maioria das convenções internacionais sobre a proteção dos direitos de migrantes e refugiados, tais como a Convenção das Nações Unidas Relativa ao Estatuto dos Refugiados de 1951, e ampliou os direitos e proteção aos refugiados no marco regional da Declaração de Cartagena de 1984 (Jubilut 2007; Brumat e Freier 2020). A Constituição Federal de 1988 também estabeleceu uma série de direitos fundamentais, e o Comitê Nacional para os Refugiados (CONARE) – um órgão tripartite, formado por diversos ministérios governamentais, pelo Alto Comissariado das Nações Unidas para os Refugiados (ACNUR), e por órgãos da sociedade civil – foi criado com responsabilidade de examinar e decidir pedidos de refúgio (Araújo 2021). Em 2014, o Brasil se comprometeu a incluir refugiados, solicitantes de refúgio, e apátridas no marco de programas de proteção social nacionais, no âmbito do 'Marco de Cooperação e Solidariedade Regional para Fortalecer a Proteção Internacional das Pessoas Refugiadas, Deslocadas e Apátridas na América Latina e no Caribe', ou Declaração e Plano de Ação do Brasil.

Em junho de 2019, três anos após os venezuelanos começarem a migrar para o Brasil de maneira significativa, o governo brasileiro classificou a Venezuela como um país em uma situação de 'grave e generalizada violação de direitos humanos'. Essa decisão se baseou na lei brasileira do refúgio, a qual adaptou a Declaração de Cartagena de 1984, que possibilitou aos venezuelanos o reconhecimento de sua condição de refugiados, com direitos e benefícios correspondentes. Além disso, no âmbito do sistema público de saúde brasileiro, criado na constituição do país, nacionais

garantizar su salud sexual y reproductiva, la capacidad de cuidar de sí mismas y de los demás, y de vivir una vida libre de violencia de género durante el desplazamiento y en el lugar de residencia.

El contexto brasileño

Brasil tiene una larga y establecida trayectoria de política migratoria y de protección de personas migrantes y refugiadas. Ha ratificado la mayoría de las convenciones internacionales para la protección de los derechos de los migrantes y refugiados desde la Convención de Ginebra de 1951, y ha ampliado los derechos y la protección de las personas refugiadas en el marco regional de la Declaración de Cartagena de 1984 (Jubilut, 2007; Brumat y Freier, 2020). La Constitución del 1988 también establece una serie de derechos fundamentales, mientras que el Comité Nacional para los Refugiados (CONARE), un organismo tripartito compuesto por el gobierno, el Alto Comisionado de las Naciones Unidas para los Refugiados (ACNUR) y la sociedad civil, se estableció con el fin de examinar las solicitudes de asilo (Araujo 2021). En 2014, en el 'Marco de cooperación y solidaridad regional para fortalecer la protección internacional de refugiados, desplazados y apátridas en América Latina y el Caribe', Brasil se comprometió a incluir a las personas refugiadas solicitantes de asilo y apátridas en los programas nacionales de protección social.

En junio del 2019, tres años después del comienzo de importantes flujos migratorios de venezolanos y venezolanas a Brasil, el gobierno brasileño clasificó a Venezuela como un país en situación de 'grave violación de los derechos humanos'. La medida fue enmarcada bajo la Ley de Refugiados de Brasil, que adaptó la Declaración de Cartagena del 1984. Esto otorgó a los venezolanos y las venezolanas un camino legal para ser aceptados por el gobierno brasileño como refugiados con los correspondientes derechos de protección. Además, bajo el sistema de salud pública universal brasileño, establecido por la

e não-nacionais têm acesso igualitário aos serviços de saúde, independentemente de status migratório (Guerra e Ventura, 2017).

Tudo isto sugere que o Brasil deu respostas positivas relacionadas à responsabilidade de cuidado com o influxo massivo de refugiados venezuelanos nos últimos anos. De fato, ao estabelecer uma residência temporária para os venezuelanos recém-chegados em 2017, e, posteriormente, ao reconhecer seu status de refugiados ao final de 2019, o governo brasileiro deu um exemplo inédito com a oferta de um programa de recepção aparentemente acolhedor, que permitiu aos venezuelanos se estabelecerem com diferentes conjuntos de autorizações legais, dependendo de sua situação particular.

No Brasil, o principal ponto de entrada para migrantes venezuelanos é o estado de Roraima, na fronteira norte. Isso faz com que Roraima, particularmente as cidades de Boa Vista e Pacaraima, sejam o principal lugar de estabelecimento dessas pessoas no país, mesmo que de maneira temporária. Estima-se que 10 por cento da população local nessas cidades são migrantes venezuelanos (Doocy et al., 2019). Esse rápido aumento populacional se tornou um desafio local desde então, especialmente considerando que o estado de Roraima é um dos menos desenvolvidos do país. Os serviços públicos locais tornaram-se cada vez mais escassos após a chegada repentina e constante de venezuelanos. Esta situação tem causado pressão sobre os serviços públicos e restrição no acesso a serviços básicos, tais como os de saúde, agravando a xenofobia e discriminação contra os recém-chegados (Moulin e Magalhães, 2020).

A criação da Operação Acolhida foi, portanto, essencial para apoiar os serviços locais em Roraima e foi amplamente elogiada como um exemplo de 'boa prática' em governança migratória (Jubilut e Silva, 2020). Ela consiste em uma operação federal interagência que combina os recursos das Forças Armadas do Brasil, do sistema de saúde nacional, e de atores multilaterais, tais como o Alto

ley constitucional, los nacionales y no nacionales tienen igual acceso a la atención médica independientemente de su estatus migratorio (Guerra y Ventura, 2017).

Todo esto sugeriría que Brasil ha respondido adecuadamente a la necesidad de atender la enorme afluencia de refugiados y refugiadas provenientes de Venezuela en los últimos años. De hecho, al haber otorgado residencia temporal a un número significativo de entrantes a partir de 2017 y reconocido a los venezolanos como refugiados desde fines de 2019, el gobierno brasileño ha establecido un ejemplo sin precedentes de un programa aparentemente acogedor que ha permitido a estas personas establecerse con diferentes conjuntos de permisos legales, dependiendo de su situación particular.

En Brasil, el principal punto de entrada para los migrantes procedentes de Venezuela es el estado de Roraima, en la frontera Norte, lo que también hace que este estado, particularmente las ciudades de Boa Vista y Pacaraima, sea el lugar principal para establecerse, aunque sea temporalmente. Se estima que el 10 por ciento de la población local en estas ciudades son migrantes venezolanos (Doocy et al., 2019). Este rápido aumento de la población se convirtió en un desafío local, ya que el estado de Roraima se considera una de las regiones menos desarrolladas del país. Tras la repentina y constante llegada de venezolanos, los servicios públicos locales se volvieron cada vez más limitados. Esta situación se ha manifestado en presiones sobre los servicios de salud y limitaciones a su acceso, e incluso en xenofobia y discriminación contra los recién llegados (Moulin y Magalhães, 2020).

El establecimiento de la Operación Acogida *(Operação Acolhida en portugués) fue esencial para apoyar a los servicios locales en Roraima y fue ampliamente reconocido como un ejemplo de "buena práctica" en la gobernanza de la migración (Jubilut y Silva, 2020). Fue una operación interinstitucional federal que reunió a las Fuerzas Armadas*

Comissariado das Nações Unidas para os Refugiados (ACNUR), a Organização Internacional para as Migrações (OIM), e organizações não-governamentais locais (ONGs), e é responsável por abrigar e dar serviços de assistência em saúde aos venezuelanos recém-chegados. A Operação Acolhida estabeleceu diversos abrigos em Boa Vista e Pacaraima para migrantes venezuelanos, bem como espaços temporários de pernoite para migrantes desabrigados, disponíveis nas rodoviárias de Boa Vista e Manaus (estado do Amazonas). A principal tarefa da Operação Acolhida é 'receber, identificar, rastrear, vacinar e realocar venezuelanos necessitados' (Oliveira, 2019). Tal complexa iniciativa ampliou a acessibilidade de migrantes venezuelanos a serviços essenciais, especialmente no que tange à provisão de assistência em saúde e moradia, apoiando assim os direitos básicos de não-nacionais.

Apesar dessas conquistas demonstrarem uma abordagem progressista em direitos humanos, essas provisões de apoio e proteção não foram suficientes. As violações dos direitos humanos fazem parte da experiência cotidiana de muitos migrantes venezuelanos. A falta de moradia, por exemplo, persiste e aumentou desde 2021. Em Pacaraima, houve um aumento de mais de 200 por cento de venezuelanos em situação de rua (Mello, 2021). Os abrigos locais operam em capacidade máxima e são portanto incapazes de fornecer moradia aos venezuelanos que chegam ao país. O acesso à saúde em Roraima também foi fortemente impactado pelo aumento da demanda. Há ainda abrigos com poucos recursos, que carecem de médicos, enfermeiros e apoio psicológico, essenciais em cidades fronteiriças e nos locais de abrigamento de migrantes.

Este livro tem o objetivo de visibilizar essas situações, aprendendo com e sendo guiado pelas perspectivas de mulheres e adolescentes migrantes, ao evidenciar e centralizar suas experiências, emoções, e respostas no que tange aos desafios relacionados às responsabilidades de cuidado, à violência, e à saúde sexual e reprodutiva.

de Brasil, el sistema nacional de salud y actores multilaterales como el ACNUR, la Organización Internacional para las Migraciones (OIM) y organizaciones no gubernamentales locales para proporcionar refugio y atención médica. Operación Acogida estableció varios refugios en Boa Vista y Pacaraima para recibir a migrantes venezolanos, así como espacios temporales para migrantes sin refugio disponibles en las estaciones de autobuses de Boa Vista y Manaos. La tarea principal de Operación Acogida es "recibir, identificar, detectar, vacunar y reubicar a venezolanos y venezolanas en situación de necesidad" (Oliveira, 2019). Tal compleja iniciativa amplió el acceso de los migrantes venezolanos a los servicios esenciales, especialmente la provisión de atención médica y vivienda, apoyando así los derechos básicos de los no nacionales.

A pesar de estos logros y de su singularidad y carácter progresivo, estas disposiciones de apoyo y protección no han sido suficientes. Las violaciones de los derechos humanos son parte de la experiencia cotidiana de muchos migrantes venezolanos. La falta de vivienda, por ejemplo, persiste y ha aumentado desde el 2021. En Pacaraima, aumentó más del 200 por ciento el número de personas venezolanas que viven en las calles (Mello, 2021). Los refugios locales han estado a plena capacidad y no han podido proporcionar vivienda a los que llegan. El acceso a la atención médica en Roraima también se ha visto muy afectado por el aumento de la demanda. Además, los refugios que son necesarios en las ciudades fronterizas y los lugares de asentamiento cuentan con escasos recursos, carecen de médicos, enfermeras y apoyo psicológico.

Este libro visibiliza estas situaciones, liderando con las mujeres y niñas migrantes y aprendiendo de sus perspectivas al arrojar luz sobre sus experiencias, emociones y respuestas a los desafíos en cuanto a la atención, la violencia y la salud sexual y reproductiva.

As mulheres　　　　　*Las mujeres*

Para as mulheres que fizeram parte desta pesquisa, suas experiências durante a jornada migratória e nos lugares que residem como migrantes estão profundamente marcadas por desigualdades de gênero vivenciadas em todas as etapas do deslocamento, inclusive em seus países de origem. Como tão eloquentemente observado por Sara Ahmed (2017:4), 'uma história começa antes que ela possa ser contada'. De fato, na Venezuela, bem como em vários países, muitas mulheres e meninas adolescentes estão presas em um ciclo longo e vicioso de vulnerabilidade, violência, pobreza, privação de direitos e misoginia, o qual impacta fortemente a decisão de migrar (*CARE International*, 2020).

Desafios relacionados ao gênero existem em um *continuum*: durante o deslocamento e após o assentamento no país de trânsito ou destino, mulheres e adolescentes forçosamente deslocadas enfrentam desafios que as deixam especialmente vulneráveis a relações de poder desiguais, injustas e inseguras, com pouco ou nenhum acesso a redes de proteção e apoio. Como evidenciado por muitas mulheres e adolescentes venezuelanas em suas fotos e depoimentos, o caminho para o Brasil as expõe a uma série de condições cruéis e humilhantes, impostas por *trocheros* (contrabandistas de migrantes). Existe ainda a exploração e abuso por outros indivíduos os quais, durante o deslocamento, se aproveitam de seu isolamento, pobreza e status irregular de múltiplas formas. A maior parte do deslocamento é irregular, no sentido de que a maioria das migrantes não cruzam fronteiras oficiais, seja porque elas estão fechadas, ou porque as mulheres e adolescentes migrantes não têm os documentos ou recursos necessários. Os movimentos transfronteiriços ocorridos antes dos fechamentos de fronteira motivados pela pandemia de COVID-19, eram, em geral, menos perigosos e geravam menos necessidade do uso de *trocheros*. Uma vez instaladas nos lugares de residência

Para las mujeres que participaron en esta investigación, sus experiencias durante el viaje migratorio y en el asentamiento están entrelazadas con profundas desigualdades de género. Como Sara Ahmed (2017: 4) observa tan elocuentemente, 'una historia siempre comienza antes de que pueda ser contada'. En efecto, en Venezuela, como en muchos países, mujeres y niñas se han visto atrapadas en círculos viciosos a largo plazo de vulnerabilidad, violencia, pobreza, privación y misoginia, que han contribuido a sus decisiones de migrar (CARE International, 2020).

Los desafíos de género existen en un continuo: durante el desplazamiento y en el asentamiento, las mujeres y niñas forzosamente desplazadas enfrentan retos que las dejan especialmente vulnerables a relaciones de poder injustas, inseguras y desiguales, con acceso limitado o nulo a redes de protección o apoyo. Como explicaron muchas mujeres y niñas venezolanas a través de sus fotografías y testimonios, el viaje a Brasil incluye una serie de condiciones crueles y humillantes impuestas por trocheros (contrabandistas), y la explotación y el abuso por parte de otros que se aprovechan, de muchas maneras, de su aislamiento, pobreza y estatus legal irregular. La mayoría de sus viajes son irregulares en el sentido de que no cruzan por los caminos oficiales por que se encuentran cerrados o porque no tienen los documentos o recursos necesarios, o por ambas razones Por ejemplo, viajes previos al cierre de las fronteras debido a la pandemia eran menos peligrosos y había menos necesidad de trocheros. Una vez en lugares de residencia temporal o permanente, existen nuevos desafíos y barreras en cuanto al acceso adecuado a los servicios de protección y salud para las mujeres migrantes, particularmente aquellas que carecen de documentación oficial (Makuch et al., 2021; CARE International, 2020).

Las historias profundamente personales presentadas en este libro demuestran el impacto tangible de la violencia política,

temporária ou permanente, mulheres e adolescentes migrantes passam a enfrentar novos desafios e barreiras para ter acesso à proteção e a serviços de saúde adequados, particularmente aquelas que não têm a documentação oficial (Makuch et al., 2021; *CARE International*, 2020).

As interpretações profundamente pessoais apresentadas neste livro demonstram o impacto tangível da violência estrutural, política e econômica no cotidiano da vida de mulheres e adolescentes migrantes. Elas também demonstram que ainda há muito trabalho a ser feito para salvaguardar os direitos de migrantes e, especialmente, assegurar que mulheres e adolescentes migrantes recebam serviços de saúde sexual e reprodutiva adequados, seguros e abrangentes e vivam uma vida livre de pobreza e violência.

O fotolivro

As imagens e os depoimentos incluídos neste livro foram feitos e disponibilizados por mulheres e adolescentes migrantes convidadas a participar no projeto ReGHID. Nós apresentamos essas fotografias e depoimentos não apenas para criar conscientização sobre o tema, mas acima de tudo como um apelo à ação política que repare os muitos riscos, danos e barreiras que impedem os migrantes em geral – e as mulheres e meninas migrantes forçadas em particular – de desfrutar dos direitos, dignidade e respeito que lhes são devidos.

Inicialmente, pedimos às mulheres e adolescentes participantes neste projeto que tirassem fotos envolvendo suas experiências e desafios relativos à saúde sexual e reprodutiva durante a jornada migratória e, posteriormente, que refletissem sobre as imagens feitas em relação ao tema proposto. Foi através desse tema amplo que surgiram fotos e reflexões sobre experiências envolvendo responsabilidades de cuidado, violência, e acesso à saúde. As fotos e os depoimentos contidos neste volume foram organizados em três seções

económica y estructural de género en la vida cotidiana de las mujeres y adolescentes migrantes. También demuestran que hay mucho trabajo por hacer para salvaguardar los derechos de las personas migrantes y, en particular, para garantizar que las mujeres y las niñas reciban atención médica sexual y reproductiva segura, adecuada e integral y que vivan una vida libre de pobreza y violencia.

El fotolibro

Las imágenes y los testimonios incluidos en este libro fueron proporcionados por mujeres y adolescentes migrantes que fueron invitadas a participar en el proyecto ReGHID. Mostramos estas fotografías y testimonios no solo para crear conciencia, sino sobre todo como un llamado a la acción política para abordar los muchos riesgos, daños y barreras que impiden que los migrantes en general, y las mujeres y niñas migrantes forzadas en particular, disfruten y puedan ejercer sus derechos con dignidad y respeto.

Pedimos a las mujeres y niñas que participaron en el proyecto que tomaran fotografías y luego reflexionaran sobre sus experiencias de desafíos respecto a la salud sexual y reproductiva durante su viaje migratorio. Fue a través de esta pregunta abierta que surgieron como temas centrales las experiencias de cuidados, de violencia y de acceso a la atención médica. Las fotografías y los testimonios contenidos en este volumen están organizados en tres secciones que reflejan estos tres temas diferentes pero interconectados, demostrando —y de hecho problematizando— la yuxtaposición de las experiencias cotidianas con los mecanismos de respuesta. También cuestionan la concepción medicalizada de la salud sexual y reproductiva dominante en documentos de política.

La primera sección se centra en los desafíos del cuidado y el autocuidado

que refletem esses três temas distintos, porém interconectados, e demonstram – ou melhor, problematizam – a justaposição de experiências cotidianas com os mecanismos de enfrentamento individuais de cada participante. Estes três temas também ampliam e enfrentam a concepção 'de cima para baixo', ou medicalizada, de saúde sexual e reprodutiva que estamos acostumados a encontrar em documentos oficiais de políticas de saúde e proteção.

A primeira seção destaca os desafios relacionados às responsabilidades de cuidado de si e dos outros vivenciados por mulheres e adolescentes migrantes. Ao longo deste projeto de pesquisa, as responsabilidades de cuidar de crianças ou idosos, que estão no Brasil ou que ficaram na Venezuela, foram um tema central nas narrativas de migrantes venezuelanas. O desejo dessas mulheres e adolescentes de '*salir adelante*', ou seguir em frente por seus filhos e sua família – ou simplesmente para ter melhores oportunidades de viver dignamente – as motiva a superar muitos dos desafios diários que enfrentam. Ao mesmo tempo, a falta de apoio emocional e financeiro, juntamente com condições precárias de deslocamento, como estar em situação legal irregular no país, ou ainda, as barreiras linguísticas enfrentadas, revelam os vários desafios que prejudicam o bem-estar físico e emocional das mulheres. O desafio que muitas mulheres migrantes enfrentam é que, para cumprir suas responsabilidades de cuidado, dever assumido principalmente por mulheres e meninas, muitas ignoram sua própria saúde e bem-estar, priorizando os outros sobre si mesmas. Ao mesmo tempo, as crianças são testemunhas das frustrações, tristezas e, em muitos casos, de problemas de saúde de suas mães ou cuidadoras.

A segunda parte do livro trata das experiências de violência de gênero. As participantes identificaram situações de violência sexual, física ou psicológica como um desafio proeminente e constante enfrentado por mulheres e adolescentes migrantes, seja através de experiências que elas mesmas viveram ou das quais foram testemunhas.

que viven las mujeres y adolescentes desplazadas. A lo largo de este proyecto de investigación, el cuidado de niños o ancianos, en Brasil o de aquellos que se quedan atrás, ha sido un tema central de las narrativas de las migrantes venezolanas. El deseo de las mujeres de 'salir adelante', para el beneficio de sus hijos e hijas y sus familias, o simplemente para tener la oportunidad de vivir una vida nueva y digna, motiva a las mujeres a superar muchos de los desafíos cotidianos que enfrentan. Al mismo tiempo, la falta de apoyo emocional y financiero, junto con las condiciones precarias de desplazamiento, como la situación legal irregular y las barreras lingüísticas, presentan varios retos que son perjudiciales para el bienestar físico y emocional de las mujeres migrantes. Una dificultad que se enfrentan muchas de ellas es que, para cumplir con las responsabilidades de cuidado, un deber asumido principalmente por mujeres y niñas, muchas ignoran su propia salud y bienestar y priorizan la de los demás. Al mismo tiempo, los niños son testigos de las frustraciones, la tristeza y, en muchos casos, la mala salud de sus madres o cuidadoras.

La segunda parte del libro se centra en la violencia de género. Las participantes reconocieron presenciar o vivir violencia sexual, física y psicológica como un desafío prominente y persistente. Esto a veces comenzó en su país de origen. En otras ocasiones se produjo en contextos de desplazamiento. Las fotografías y los testimonios enfatizan no solo la alta incidencia de violencia, sino también su impacto profundamente negativo y duradero en la salud y el bienestar de las mujeres y sus hijos. Las participantes identificaron cómo las vulnerabilidades relacionadas con la pobreza y la falta de acceso a oportunidades económicas están interrelacionadas con situaciones de violencia, explotación y daño.

La sección final del fotolibro explora los desafíos para acceder a los servicios de salud sexual y reproductiva, una experiencia compleja y contradictoria para muchas mujeres y niñas durante la migración y en el asentamiento. Si bien los desafíos de

Essa violência pode ter ocorrido em seus países de origem; em outros casos, ela ocorreu em contexto de deslocamento. As fotografias e os depoimentos enfatizam não somente a alta incidência de violência, como também o impacto negativo e duradouro dessa violência na saúde e bem-estar de mulheres e adolescentes migrantes e seus filhos. As participantes identificaram como vulnerabilidades, a pobreza e a falta de acesso a oportunidades econômicas são fatores interligados a situações de violência e exploração física, emocional, e sexual.

A seção final deste fotolivro explora os desafios relacionados ao acesso a serviços de saúde sexual e reprodutiva, uma experiência complexa e contraditória para muitas mulheres e meninas durante a migração e ao se estabelecerem no Brasil de maneira temporária ou permanente. Isso porque, enquanto os desafios das mulheres no acesso aos serviços de saúde na Venezuela contrastam com uma experiência em geral positiva no Brasil, a discriminação, a falta de informação, o mau tratamento e a violência obstétrica ou negligência médica são muito comumente vivenciadas por mulheres e adolescentes migrantes no Brasil. Essas situações são barreiras ao direito das mulheres migrantes à saúde.

Este livro finaliza com recomendações para políticas públicas e práticas institucionais como uma maneira de reparar os diversos desafios e injustiças enfrentados por muitas mulheres e adolescentes migrantes forçadas.

Por meio deste livro, nosso objetivo é garantir que as vozes das mulheres e adolescentes deslocadas cheguem aos tomadores de decisão a fim de que elas possam receber a proteção a que são destinatárias. É um apelo para que aqueles com poder ativamente ouçam as mulheres e adolescentes migrantes e invistam em recursos apropriados para fornecer condições que apoiem a capacidade dessas migrantes de moldar, escolher e planejar sua saúde sexual e reprodutiva e garantir uma vida com dignidade, assegurando-se assim a completude de seus direitos humanos.

las mujeres para acceder a los servicios de salud en Venezuela contrastan con una experiencia generalmente positiva en Brasil (dado que en este país el derecho a la salud es un derecho constitucional para todos), Las mujeres y adolescentes migrantes en Brasil experimentan con bastante frecuencia discriminación, falta de información, maltrato y violencia obstétrica o negligencia médica. Estas situaciones son una barrera para el derecho a la salud de las migrantes.

El libro concluye con recomendaciones de políticas y prácticas que puedan reparar los muchos desafíos e injusticias que enfrentan muchas mujeres y niñas migrantes forzadas.

A través de este libro, nuestro objetivo es garantizar que las voces de las mujeres y niñas desplazadas lleguen a los responsables de la toma de decisiones para que las mujeres migrantes puedan recibir protección y apoyo, que es su derecho humano. Es un llamado para que aquellos con poder escuchen activamente a las mujeres y niñas desplazadas e inviertan los recursos apropiados para proporcionar condiciones que apoyen la capacidad de las mujeres y niñas migrantes para adaptar, elegir y planificar su salud sexual y reproductiva, y para garantizar vidas dignas y plenas, no solamente la supervivencia, en plena conformidad con los derechos humanos de todas las personas.

Queremos extender nuestro más profundo y sincero agradecimiento a las mujeres y adolescentes que confiaron en nosotras y compartieron sus historias personales con tanta franqueza. Ha sido un privilegio escuchar estos testimonios y ver estas fotografías, y esperamos haber hecho justicia a las historias que relataron y a las mujeres y adolescentes que han vivido estas experiencias.

Queremos estender nossos mais profundos e sinceros agradecimentos às mulheres e adolescentes migrantes que confiaram em nós e compartilharam conosco suas histórias pessoais de maneira tão aberta. Foi um privilégio ouvir esses depoimentos e ver estas fotografias, e esperamos ter feito jus às histórias que nos foram contadas e às mulheres e adolescentes que viveram essas experiências.

Cuidar de si e dos outros

Cuidar de sí y de los demás

'Amor Incondicional' de Royra. Julho de 2021. Manaus, Brasil

'Amor incondicional' por Royra. Julio de 2021. Manaos, Brasil

Desigualdades de gênero em relação às responsabilidades do cuidado da família

As seguintes fotografias e depoimentos contam as experiências e desafios enfrentados por mulheres e adolescentes migrantes venezuelanas durante seu deslocamento para o Brasil. Muitas dessas mulheres são a principal pessoa (ou única) responsável pelo cuidado de seus filhos, familiares idosos ou de outros membros de suas famílias. Em algumas ocasiões, seus dependentes migram com elas e, em outras, ficam na Venezuela. Todas essas situações produzem desafios para mulheres e adolescentes migrantes.

As responsabilidades e possibilidades de cuidar de si e dos outros são afetadas pelo deslocamento e pela disponibilidade (ou não) de redes de apoio social, durante a migração e nos lugares de destino ou trânsito. Muitas mulheres venezuelanas dizem que dar um futuro para os seus filhos é uma das principais razões pelas quais elas migram e seguem em frente, mesmo que passem por diversos riscos e dificuldades durante e devido ao deslocamento. Muitas delas viajam sozinhas com seus filhos e, quando chegam ao Brasil, encontram dificuldades para obter suporte no que se refere ao cuidado dos outros e de si mesmas, especialmente quando são mães solteiras.

O que mais chama a atenção é a natureza sacrificial do cuidado, onde as mulheres migrantes priorizam a saúde e o bem-estar dos outros em detrimento de sua própria saúde e bem-estar. Há um perigoso desequilíbrio entre o cuidado exercido por essas mulheres para com suas famílias, comunidades e em suas casas, e o apoio que elas recebem em contrapartida, como assistência emocional ou psicológica, um salário ou apoio financeiro, e assistência em saúde. Esse desequilíbrio coloca em risco a saúde das mulheres e aumenta as chances de que elas fiquem presas a um ciclo de pobreza. Ambos os riscos são exacerbados

Desigualdades de género en la prestación de cuidados

Las siguientes fotografías y testimonios representan algunos de los desafíos de género con relación a la prestación de cuidados durante y como consecuencia de la migración, contados a partir de las experiencias de mujeres involucradas en una variedad de responsabilidades de cuidado. Muchas de las mujeres que contribuyeron a este libro son las principales y a menudo las únicas cuidadoras de sus hijos. Otras cuidan a padres ancianos y/u otros miembros de la familia. A veces sus dependientes migran con ellas y a veces se quedan en Venezuela. Todas estas situaciones generan diferentes desafíos para las mujeres.

El cuidado y el autocuidado se ven afectados por las diferentes formas de migración y por la disponibilidad de redes de apoyo social existentes tanto durante la migración como en los lugares de residencia. Muchas mujeres venezolanas consideran el futuro de sus hijos como una razón para migrar y seguir adelante a pesar de los muchos riesgos y dificultades que enfrentan durante y debido al desplazamiento. Muchas de ellas viajan solas con sus hijos y, una vez que llegan a Brasil, luchan por encontrar apoyo para cumplir con sus deberes de cuidado y cuidar de sí mismas, especialmente en aquellos casos en que son las únicas cuidadoras de sus hijos.

Lo que más llama la atención es la naturaleza sacrificial del cuidado, donde muchas veces las mujeres migrantes priorizan la salud y el bienestar de los demás en detrimento de los suyos propios. Existe un peligroso desequilibrio entre la necesidad de estas mujeres de salir a trabajar para el cuidado de su familia, el hogar y la comunidad, y el apoyo que reciben a cambio, ya sea como asistencia emocional, atención médica o un salario. Este desequilibrio plantea riesgos para su salud y aumenta el riesgo de que queden atrapadas en un ciclo de pobreza. Ambos riesgos se exacerban cuando una mujer migra y los problemas de salud resultantes pueden ser tanto inmediatos como acumulativos.

quando uma mulher migra, e os problemas de saúde resultantes disso podem ser tanto imediatos quanto cumulativos.

Frequentemente, as escolhas que as mulheres fazem são determinadas por como elas entendem e assumem suas responsabilidades em relação aos seus filhos e à sua família. Isso está diretamente relacionado às experiências de mulheres

Con frecuencia, las decisiones que toman las mujeres están determinadas por su sentido de responsabilidad hacia sus hijos y su familia. Las experiencias de las mujeres migrantes están marcadas por este sentido de responsabilidad, que influye en sus motivaciones para migrar en primer lugar, así como en sus decisiones durante el tránsito, la llegada y el asentamiento.

Migração e as pressões desiguais de gênero para uma maternidade 'responsável'

La migración y las presiones desiguales por la maternidad 'responsable'

'Essa foto reflete minha chegada ao Brasil. Como muitas, também cheguei aqui por meio das *trochas*[1] com os meus filhos. Passei dificuldade porque não tinha dinheiro, não tinha como dar comida a eles, nem o suficiente para pagar passagem.'

'Minha foto se chama "mãe forte", "mãe lutadora". Como muitas aqui somos lutadoras, viemos para o Brasil por nossos filhos, para dar um futuro melhor a eles, já que na Venezuela não temos essa oportunidade. Isso se reflete na minha foto, mãe forte e mãe batalhadora que luta por seus filhos' (A Pisciana Mais Bela, 02 de outubro de 2021, Manaus,

'*Esa foto refleja mi llegada a Brasil. Como muchas aquí, pasé por trocha[1] también con mis hijos. Pasé dificultad porque yo no tenía dinero, ni para darles comida, ni para pagar pasaje.*

'*Mi foto se llama "madre fuerte", "madre luchadora". Como muchas aquí, somos luchadoras por nuestros hijos porque venimos aquí a Brasil a darle un mejor futuro a nuestros hijos, ya que en Venezuela no tenemos esa oportunidad. Eso refleja mi foto, madre fuerte y madre batalladora que lucha por sus hijos.' (La Pisciana Más Bella, 02 de octubre de 2021, Manaos, Brasil)*

migrantes – e influenciam suas motivações para migrar, bem como suas decisões durante o trânsito, chegada e estabelecimento nos lugares de destino.

Para as mulheres cujas histórias são contadas neste livro, um forte sentimento de amor, responsabilidade, cuidado e resignação se entrelaçam ao longo de um *continuum*. Para muitas, o profundo amor que elas sentem por seus filhos é a maior motivação e fonte de força durante a migração. No entanto, é crucial entender que as condições socioeconômicas em que essas mulheres exercem suas responsabilidades de cuidado certamente não são uma escolha para muitas e podem lhes causar danos.

Para las mujeres cuyas historias se incluyen en este libro, un fuerte sentido de amor, responsabilidad, cuidado y resignación se entrelazan a lo largo de un continuo. Para muchas, el profundo amor que sienten por sus hijos es su principal motivación y fuente de fortaleza durante la migración. Sin embargo, lo cierto es que las condiciones socioeconómicas en las que se encuentran las mujeres migrantes que brindan cuidados no siempre son elegidas y causan daños.

'Mãe Forte' por A Pisciana Mais Bela (pseudônimo).
Outubro de 2021. Manaus, Brasil

'Madre fuerte' por La Pisciana Más Bella (seudónimo).
Octubre de 2021. Manaos, Brasil

'A minha foto trata das coisas pelas quais passamos por sermos mães, por sermos mulheres, e por termos que migrar. Minha primeira foto reflete o longo caminho que nós tivemos que percorrer com nossos filhos e filhas. Sempre buscando a luz para eles, o melhor caminho. Deixamos a nossa própria saúde, nossos problemas e muitas outras coisas de lado. Pensamos apenas neles e em seu bem-estar' (Royra, 17 de julho de 2021, Manaus, Brasil)

'O desafio que vejo refletido nesta foto é o desafio de emigrar. Porque, de fato, ao deixar a comodidade que se tinha para entrar em um país onde não se sabe quem vai cuidar de sua filha caso consiga um trabalho, sem saber onde vão dormir. Isso demonstra uma disposição de arriscar tudo em busca de uma vida melhor. Porque, realmente, todas nós, mulheres migrantes venezuelanas, nos expusemos a tudo. Viemos com nossos filhos, dormimos na rua, necessitamos pedir'. (Yoselin, 17 de julho de 2021, Manaus, Brasil)

'*Mi foto trata sobre la reproducción y las cosas que pasamos nosotras al ser madres, al ser mujeres, y al tener que migrar. Mi primera foto refleja para mí el largo camino que nosotros hemos tenido que recoger con nuestros hijos o hijas. Siempre buscando la luz para ellos, el mejor camino y dejando nuestra salud, nuestros problemas, y muchas cosas atrás, siempre solo pensando en ellos, y solamente en ellos y en su bienestar*' (Royra, 17 de julio de 2021, Manaos, Brasil)

'*El desafío que veo reflejado en esta foto es el desafío que se propuso ella como persona al emigrar. Porque realmente dejar la comodidad que tenía para entrar a un país donde no sabe quién le va a cuidar la niña si llegase a conseguir un trabajo, donde van a dormir. Ella estaba dispuesta a todo, a arriesgarlo todo por un mejor bienestar porque realmente todos los inmigrantes venezolanos, en nuestro caso, nos exponemos a todo pues venimos con nuestros hijos, dormimos en la calle, nos toca pedir*' (Yoselin, 17 de julio de 2021, Manaos, Brasil)

'Por nossos filhos, sempre haverá luz' por Royra.
Julho de 2021. Manaus, Brasil

'Por los hijos siempre habrá luz' por Royra.
Julio de 2021. Manaos, Brasil

'[Me diziam que] no Brasil não há falta de nada, então eu me imaginava tendo dois filhos e uma filha. Pensei em muitas coisas, bom, agora é melhor ter só um filho, porque um já é o suficiente, porque ter dois ou três filhos ... Às vezes, a gente vê a mulher que sofre com dois, três filhos, porque é difícil cuidar bem de todos. Enquanto dava à luz, doía muito, nós sofremos, dói muito. Pensei em cuidar desse meu primeiro filho, decidi que iria apenas ter um filho e nada mais, nada mais.' (Maritza, 15 de agosto de 2021, Manaus, Brasil)

'[Me dijeron que] en Brasil hay de todo, entonces yo me imaginaba en tener dos niños y una niña. Pensé muchas cosas, bueno es mejor tener un niño, porque ya con eso sería suficiente. Porque a veces se ve a la mujer que sufre con dos niños, tres niños ... es difícil de tener, cuidar. Yo pensé cuando estaba pariendo, que duele por aquí, uno sufre, duele mucho, pasan muchas cosas, pues. Yo pensé, bueno, voy a tener un niño, nada más que voy a tener, nada más.' (Maritza, 15 de agosto de 2021, Manaos, Brasil)

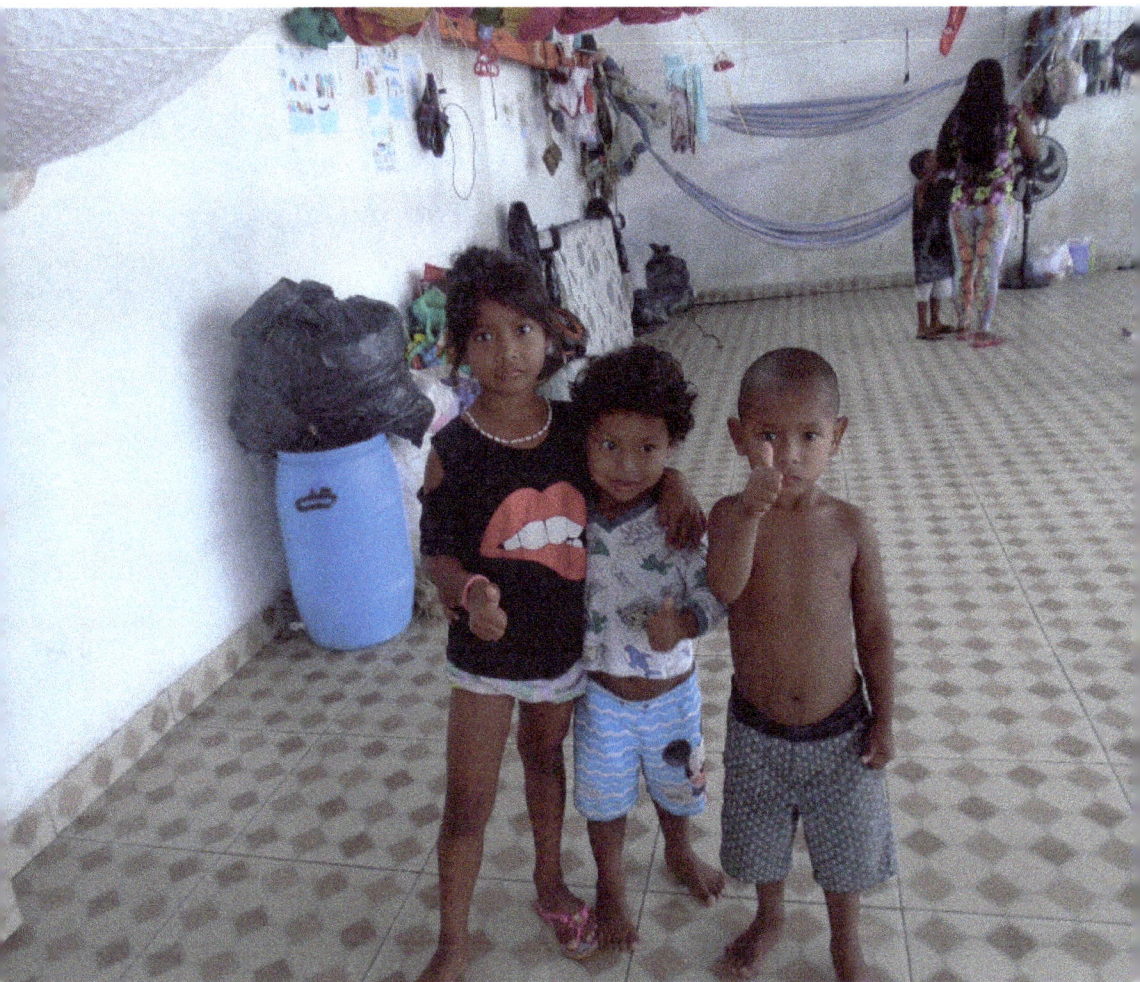

'Sem título' por Maritza. Agosto de 2021. Manaus, Brasil

'Sin título' por Maritza. Agosto de 2021. Manaos, Brasil

'Este é o meu filho, é o meu motor, minha força para que eu possa seguir lutando, para buscar seus outros dois irmãozinhos. Bom, eu até havia encontrado um emprego, mas como não posso deixar meu filho sozinho, não pude trabalhar. Não conheço ninguém aqui onde estou, e não podemos deixar as crianças com outras pessoas.' (Flaka, 02 de outubro de 2021, Manaus, Brasil)

'Ese es mi hijo, ese es mi motor, mi fuerza aquí para yo poder seguir luchando para buscar a sus otros dos hermanitos. Bueno yo había encontrado empleo, pero como no puedo dejar a mi hijo solo no pude trabajar. No conozco así a nadie como tal pero aquí donde nosotros estamos, no podemos dejarlos con otras personas a los niños.' (Flaka, 02 de octubre de 2021, Manaos, Brasil)

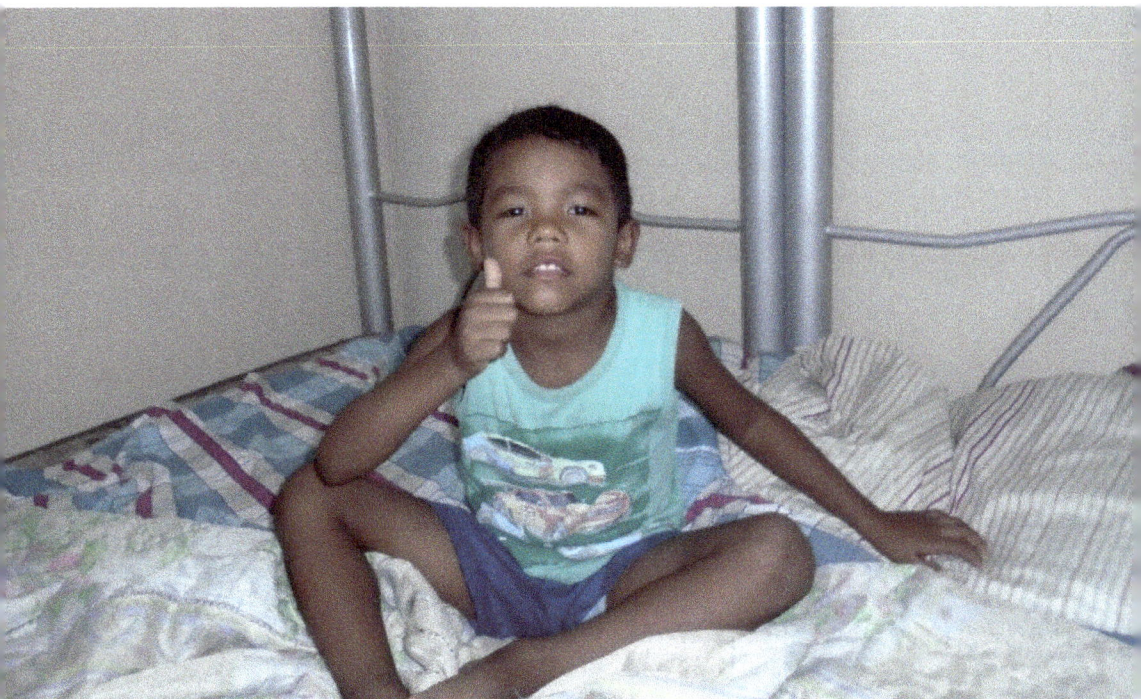

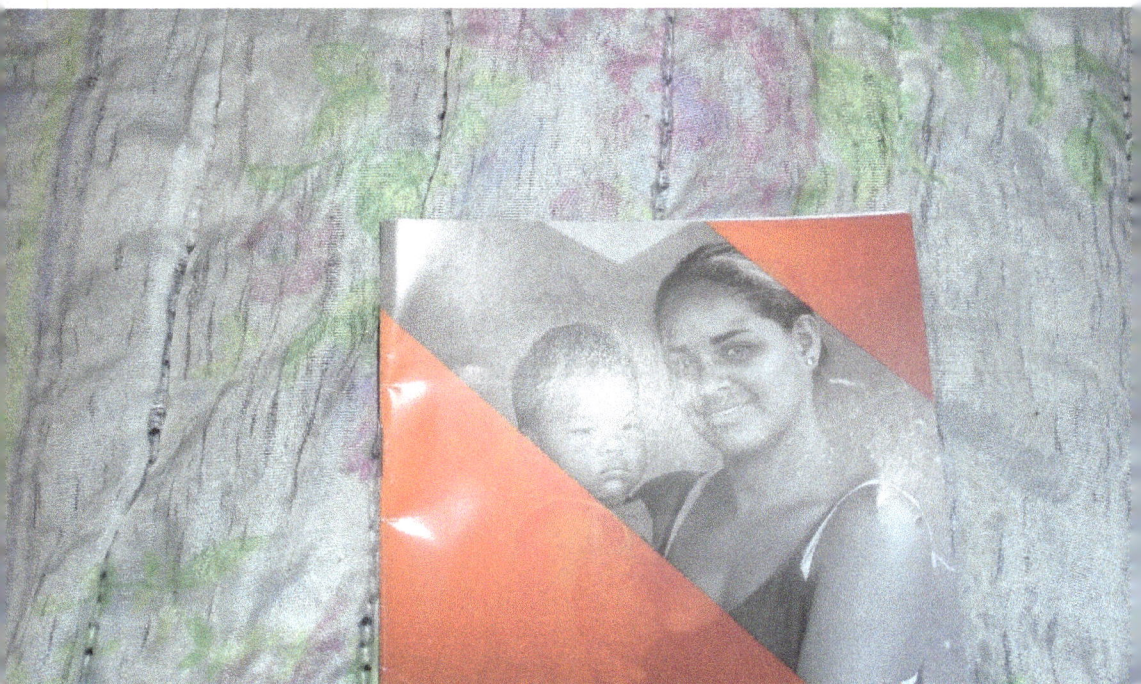

'Meus filhos são minha razão para seguir' por Flaka (pseudônimo). Outubro de 2021. Manaus, Brasil

'Mis hijos son mi lucha a seguir' por Flaka (seudónimo). Octubre de 2021. Manaos, Brasil

'O papel de uma mulher é limpar a casa, cozinhar e educar suas filhas sobre os papéis das mulheres, para que quando sejam adultas possam sair e replicar esses ensinamentos. Desde pequena temos que ensiná-las a fazer cestas, pulseiras, redes. O papel do homem é sair e trabalhar.' (Dolores, 21 de agosto de 2021, Manaus, Brasil)

'Os papéis de homens e mulheres mudaram porque aqui nas cidades do Brasil, as mulheres têm que ir às ruas para conseguir dinheiro. Aqui até os homens têm que ir às ruas mendigar e têm que buscar os filhos. Há muitas famílias, não apenas nós, que mendigam nas ruas aos finais de semana.' (Alicia, 15 de agosto de 2021, Manaus, Brasil)

'El papel de una mujer es limpiar la casa, cocinar y enseñarle a su hija, a su niña, los roles de las mujeres, para que cuando sean adultas puedan salir y hacer estas cosas. Desde pequeña hay que enseñarle a hacer cestas, pulseras, hamacas. El papel del hombre es salir a trabajar.' (Dolores, 21 de agosto de 2021, Manaos, Brasil)

'Los roles de hombres y mujeres han cambiado porque aquí en las ciudades de Brasil, las mujeres tienen que salir a la calle para poder conseguir dinero. Aquí hasta los hombres tienen que salir a la calle a mendigar y tienen que recoger a los niños. Hay muchas familias, no solo nosotros, que mendigamos en la calle los fines de semana.' (Alicia, 15 de agosto de 2021, Manaos, Brasil)

'Sem título' por Dolores. Agosto de 2021. Manaus, Brasil

'Sin título' por Dolores. Agosto de 2021. Manaos, Brasil

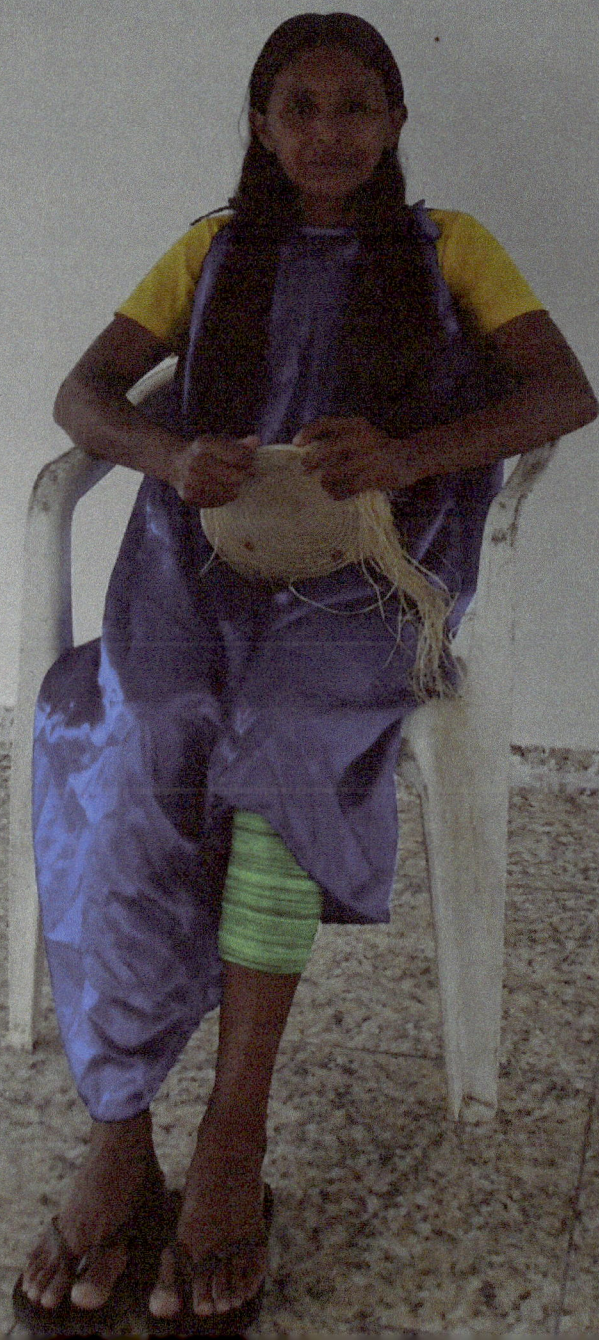

'É uma história difícil, porque ela não estava trabalhando, mesmo tendo três bocas para alimentar, e de fato eram poucas as coisas que fazia, principalmente porque não sabia falar perfeitamente o português. Mas por necessidade, porque tinha que pagar o aluguel, tinha que alimentar seus filhos, ela teve que, em várias ocasiões, vender seu corpo. 'Se seu filho te diz em uma manhã: "Mamãe, tenho fome", como respondemos: "Não tem nada para comer"?. Ou seja, a gente pode aguentar, eles, não.'

'Muitas pessoas vêm para cá com intenções de seguir em frente por seus filhos. Este é o propósito de 80 por cento das migrantes aqui no Brasil. Então, ela é mais um exemplo de muitas outras mulheres que passam pela mesma condição. E aqui os homens se aproveitam dessa situação. Se alguém se mete com um desses homens, e tem uma doença venérea, é horrível. Mas, o que se pode fazer se não há o apoio de ninguém? No meu caso, por exemplo, não tenho o apoio de ninguém.' (Laura Pausini, 02 de outubro de 2021, Manaus, Brasil)

'*Es dura la historia, porque uno tiene tres bocas que mantener pero se siente que no está trabajando. Ella como no sabía perfectamente el portugués, eran muy pocas las cosas que ella hacía. Más por la necesidad que tenía que pagar alquiler, tenía que alimentar a sus hijos, tuvo en varias ocasiones que vender su cuerpo. Porque es malo que de repente tu niño se pare en la mañana diciendo "Mami, tengo hambre". ¿Cómo le vas a decir que "No, no hay nada"? O sea, uno puede aguantar, pero ellos no.*'

'*Muchas personas vienen aquí con las intenciones de salir adelante por sus hijos, ese es el propósito del 80 por ciento de los migrantes que estamos aquí en Brasil. Entonces ella es un reflejo de muchas mujeres que pueden estar pasando por lo mismo. Y aquí los hombres se aprovechan de la situación. Si uno se mete con un hombre de esos, y tiene una enfermedad venérea, es terrible. Pero, ¿qué puedes hacer si no tienes a nadie? En mi caso, por ejemplo, no tengo a nadie.*' (Laura Paussini, 2 de octubre de 2021, Manaos, Brasil)

'Duas mulheres em uma' por Laura Pausini (pseudônimo).
Outubro de 2021, Manaus, Brasil

*'Dos mujeres en una' por Laura Paussini (seudónimo).
Octubre de 2021. Manaos, Brasil*

'Nós somos mães. Deixamos de ser nós mesmas para sermos presentes para nossos filhos' (Yoselin, 17 de julho de 2021, Manaus, Brasil)

'Somos madres, dejamos de ser nosotras, para ser nuestros hijos.' (Yoselin, 17 de julio de 2021, Manaos, Brasil)

O depoimento acima indica a natureza paradoxal da maternidade durante o deslocamento migratório. Ele demonstra um amor profundamente altruístico, além de ser evidência da falta de apoio e de espaço para o desenvolvimento pessoal dessas mesmas mulheres. O profundo amor que essas mães expressam por seus filhos contrastava com as situações comuns e desesperadoras descritas, as quais eram causadas e perpetuadas por condições sociais e estruturais misóginas, que poderiam ser atenuadas por políticas públicas sensíveis à perspectiva de gênero, interseccionais e baseadas em direitos humanos.

Não existe uma única identidade de 'mãe', nem uma única experiência de maternidade. Os desafios nas vidas de mulheres migrantes não deveriam ser lidos como meramente 'pessoais', mas sim como uma expressão de formas sistemáticas de injustiça vivenciadas por muitas mulheres – por serem mulheres, migrantes e pobres. O que fica claro nas experiências de mães migrantes em deslocamento é que o 'pessoal é internacional', e não é nem privado ou apolítico (Hall, Weissman and Shepherd, 2020). Desigualdades e situações de precariedade são manifestações de condições sociais e estruturais que afetam as experiências diárias de mulheres migrantes em seus trabalhos de cuidado, maternidade e autocuidado. As características pessoais e condições financeiras dessas mulheres, interseccionadas com sua idade, etnia e status migratório, aumentam a possibilidade de que sejam julgadas e discriminadas no dia a dia.

Fica evidente nas fotografias e depoimentos neste livro que as características interseccionais de cada mulher as afetam a forma como elas prestam cuidados, bem como o que se denomina 'trabalho

La cita anterior sugiere que paradójicamente, la naturaleza de la maternidad en desplazamiento es a la vez una mezcla de un amor profundamente desinteresado y altruista, tanto como la evidencia de la falta de apoyo y espacio propicios para el bienestar personal. El profundo amor que las participantes expresaron por sus hijos contrasta muchas veces con las situaciones que describen, a menudo desesperadas, causadas y perpetuadas por condiciones sociales y estructurales misóginas, que podrían aliviarse con políticas eficaces sensibles al género, interseccionales y basadas en los derechos.

No existe una identidad única de 'madre' ni una experiencia singular de la maternidad. Los desafíos en la vida de las mujeres migrantes no deben tomarse como meramente 'personales', sino más bien como una expresión de problemas que, de hecho, son formas sistemáticas de injusticia experimentadas por muchas mujeres; por ser mujeres, por ser migrantes y por ser pobres. Lo que queda claro de las experiencias de maternidad en situaciones de desplazamiento es que lo personal es internacional y no es ni privado ni apolítico (Hall, Weissman y Shepherd, 2020). Las desigualdades y situaciones de precariedad son manifestaciones de condiciones sociales y estructurales que afectan las experiencias cotidianas de las mujeres migrantes en el trabajo de cuidados, maternidad y autocuidado. Las situaciones personales y económicas de estas mujeres, así como sus características interseccionales relacionadas con el género, la edad, la etnia y la situación legal, hacen que a menudo sean juzgadas y discriminadas en situaciones cotidianas.

Es evidente a través de las fotografías y los testimonios de este libro que las

reprodutivo social': por exemplo, manter a vida tendo filhos, manter o lar e as relações íntimas, cuidar do lar e aqueles dentro dele, ou contribuir para a comunidade. As persistentes estruturas patriarcais e racistas no Brasil, e em diversos outros países, perpetuam a noção de que certas mulheres devem ocupar posições de servidão (Oxfam, 2020) e, portanto, mulheres de grupos marginalizados tendem a realizar mais serviços de cuidado, que são mal ou não remunerados. Por exemplo, mulheres de origem rural, e com níveis mais baixos de educação, passam mais tempo fazendo trabalhos de cuidado não remunerados do que outras mulheres ou homens também de origem rural (Dutta et al., 2021). E mulheres que vivem na pobreza, em comunidades marginalizadas – especialmente em locais com infraestrutura precária, sem apoio político e disponibilidade de tecnologia – gastam mais tempo em trabalhos de cuidado não remunerados do que mulheres em melhor situação e do que homens de suas próprias comunidades (Rai et al., 2014; Oxfam, 2020). A interseção entre classe e raça é uma determinante particularmente evidente da desigualdade entre mulheres, e entre mulheres e homens, das responsabilidades de cuidado.

As mulheres que identificaram os maiores desafios eram mães solteiras: ou aquelas que migraram sozinhas com seus filhos, ou aquelas abandonadas por seus parceiros uma vez que chegaram ao Brasil. Essas mulheres enfatizaram as barreiras enfrentadas para encontrar e manter trabalhos seguros e decentes enquanto paralelamente tinham que cumprir com suas responsabilidades de cuidado com seus filhos, especialmente nos casos em que migraram sem outros membros de sua família ou amigos, os quais poderiam informalmente apoiá-las. Essa situação afetava e restringia as escolhas diárias que elas tinham que fazer e levavam a problemas de saúde física, sexual e mental. Dentre essas 'escolhas', pode-se mencionar aquelas feitas por muitas mulheres, que envolviam ter que deixar alguns de seus filhos para trás, na Venezuela, ou ter que

características interseccionales afectan la forma en que las mujeres viven el cuidado y lo que se describe como 'trabajo reproductivo social'. Por ejemplo, mantener la vida a través de tener hijos, mantener el hogar y las relaciones íntimas, cuidar el hogar y los que están dentro de él, o contribuir a la comunidad. Sistemas persistentes patriarcales y racistas en Brasil, y más allá, perpetúan la noción de que ciertas mujeres deberían ocupar puestos de servidumbre (Oxfam, 2020) y, por lo tanto, las mujeres de los grupos más marginados tienden a realizar el trabajo de cuidado no remunerado y/o mal remunerado, más que otras mujeres. Por ejemplo, las mujeres de entornos rurales y con niveles educativos más bajos dedican más tiempo al cuidado no remunerado que otras mujeres o que sus homólogos masculinos (Dutta et al., 2021), y las mujeres que viven en la pobreza y en comunidades marginadas –especialmente en lugares con infraestructura, políticas de apoyo y tecnología deficientes– dedican más tiempo al trabajo de cuidado no remunerado que las mujeres más acomodadas y que los hombres en las mismas comunidades (Rai et al., 2014; Oxfam, 2020). La intersección de raza y de clase es un determinante particularmente claro de las cargas desiguales de las mujeres en el cuidado.

Las mujeres que identificaron más desafíos fueron las madres solteras, ya sea aquellas que emigraron solas con sus hijos o aquellas cuyas parejas las abandonaron una vez que llegaron a Brasil. Estas mujeres enfatizaron las barreras para encontrar un trabajo decente y seguro, y poder mantenerlo, y al mismo tiempo cuidar a sus hijos, especialmente cuando habían emigrado sin otros familiares o amigos que pudieran apoyarlas informalmente con el cuidado de los niños. Esto restringió sus opciones y condujo a problemas de salud física, sexual y mental. Estas 'opciones' incluían tener que dejar a (algunos) niños y niñas en Venezuela o tener que llevar a niños y niñas pequeños con ellas a trabajos precarios.

levar crianças pequenas consigo para trabalhos precários.

Para aquelas mulheres que deixaram seus filhos para trás, a migração diretamente impacta suas experiências e vivências de maternidade. Mulheres que passaram por essa situação descreveram ter sentimentos de culpa, preocupação, e de saudade de seus filhos – agravando sintomas de depressão e estresse emocional (Pineros-Leano et al., 2021). Como explicado por Flaka:

'Tive que emigrar pelos meus filhos, para dar-lhes um melhor futuro, para que tenham uma melhor educação. Tenho três filhos; tive que deixar dois para trás e só trouxe um comigo, porque assim consigo trabalhar, já que não poderia deixá-los todos com algum estranho aqui. Seguirei lutando para dar-lhes um futuro melhor e, quando estiver mais estabelecida, vou buscá-los. Sinto muita tristeza por não ter os outros dois comigo.' (Flaka, 02 de outubro de 2021, Manaus, Brasil)

A prestação de cuidados está intimamente ligada às possibilidades de encontrar trabalho decente, de qualidade. Essas mulheres descreveram ser incapazes de acessar empregos formais adequados porque não conseguiam encontrar ninguém para cuidar de seus filhos enquanto trabalhavam. Assim, ou elas não trabalhavam, ou tinham que levar seus filhos consigo para os locais de trabalho informal. Ambas as situações consistem em fatores de risco para violência de gênero, como está melhor elaborado na seção seguinte, e impedem mulheres de escapar de ciclos de pobreza. Muitas dessas mulheres eram economicamente ativas em seu país de origem, mas as circunstâncias em que estavam inseridas faziam com que ou elas

Para quienes dejan a hijos y hijas atrás, la migración interfiere en su experiencia de la maternidad. Las mujeres que experimentaron esto describieron sentimientos de preocupación, culpa y de extrañar a sus hijos, sentimientos que pueden aumentar los síntomas depresivos y la angustia emocional (Pineros-Leano et al., 2021). Como explicó Flaka:

'Tuve que emigrar por mis hijos, por un mejor futuro para ellos, por una mejor educación. Tengo tres hijos. Tuve que dejar dos atrás y solo traje uno conmigo para poder trabajar ya que no puedo dejarlos con un extraño aquí. Seguiré luchando para darles un futuro mejor y cuando me establezca, iré a buscarlos. Tengo mucha tristeza porque no tengo a mis otros dos conmigo.' (Flaka, 2 de octubre de 2021, Manaos, Brasil)

El cuidado está íntimamente ligado al acceso a un trabajo decente. Las mujeres describieron que no podían acceder a trabajos formales adecuados porque no podían encontrar cuidado para sus hijos mientras trabajaban. Por lo tanto, no podían trabajar o se llevaban a sus hijos a los lugares de trabajo informal. Ambas situaciones son factores de riesgo de violencia de género, como se desarrolla en la siguiente sección, y dificultan que las mujeres escapen del ciclo de la pobreza. Muchas de estas mujeres habían sido económicamente activas en su país de origen pero en Brasil, las circunstancias les obligaron a dedicarse exclusivamente a tareas de cuidado doméstico o a incorporarse al mercado laboral de manera informal y parcial. Algunas mujeres indígenas Warao reportaron el analfabetismo y la falta de educación formal como barreras para

passassem a se dedicar exclusivamente a funções de trabalho doméstico e de cuidado, ou entrassem no mercado de trabalho de maneira parcial e/ou informal no Brasil. Algumas mulheres indígenas, da etnia Warao, disseram que o analfabetismo e a falta de educação formal também consistem em barreiras para acessar bons empregos formais. Como uma mulher migrante Warao explicou:

'Se eu pudesse conseguir um trabalho, estaria trabalhando para encontrar uma maneira de sair do refúgio com meus filhos e para então vivermos tranquilos. Como vou mudar minha vida sem emprego? Quando eu era criança, não havia escola, não havia nada, por isso cresci sem estudar. Por isso não sei nada, só sei trabalhar em casa de família, cozinhar, lavar, passar roupa, cuidar de bebês e fazer faxina. É só isso que eu sei fazer'. (Florencia, 21 de agosto de 2021, Manaus, Brasil)

As mulheres Warao particularmente descreveram ter tido dificuldades específicas em encontrar creches ou pessoas para cuidarem de seus filhos, a despeito das redes informais de cuidado e apoio que elas têm, devido à tendência de migrarem com um grupo familiar.

Os papéis sociais e culturais influenciados pelo gênero também tendem a mudar devido ao deslocamento. Algumas mulheres tornam-se a única provedora de suas famílias, algumas passam a dividir esse dever com seus maridos e companheiros, outras tornam-se mães em tempo integral porque não conseguem encontrar creches ou acessar o mercado de trabalho. No caso dos migrantes Warao, os papéis tradicionais de mulheres e homens também são afetados.

acceder a un empleo decente y formal. Como explicó una migrante Warao:

'Si pudiera conseguir un trabajo, estaría trabajando para encontrar una manera de salir del refugio con mis hijos, para vivir tranquilos. ¿Cómo voy a cambiar mi vida si no tengo trabajo? Cuando yo era niña no había escuela, no había nada y por eso crecí sin estudiar. Por eso no sé nada, solamente trabajar en casa de familia, cocinar, lavar, planchar, cuidar a un bebé y hacer limpieza. Eso es lo que sé hacer.' (Florencia, 21 de agosto de 2021, Manaos, Brasil)

Las mujeres Warao, en particular, describieron dificultades específicas para encontrar cuidado para sus hijos, a pesar de las redes informales de atención y apoyo con las que cuentan dada su tendencia a migrar como grupo familiar.

Los roles de género también tienden a cambiar debido al desplazamiento. Algunas mujeres se convierten en el único sostén de sus familias, algunas comienzan a compartir este deber con sus esposos y parejas y otras se convierten en madres de tiempo completo porque no pueden encontrar cuidado para sus hijos e hijas o acceder al mercado laboral. En el caso de las mujeres Warao desplazadas, los roles de género tradicionales se ven afectados.

Consequências da falta de cuidados para mulheres migrantes

Consecuencias de la falta de cuidado para las mujeres migrantes

'A razão pela qual eu estou aqui é pela minha filha. Minha filha tem cinco anos. Estou aqui por ela porque sei que na Venezuela ela não teria acesso a uma boa educação. Não poderia lhe dar o que ela verdadeiramente necessita. Isso foi o que me motivou a migrar para o Brasil. Não foi fácil porque no caminho eu passei por muitas coisas. Eu estava carregando malas e mochilas e ela me via e dizia: "Mamãe, eu te ajudo, eu te ajudo". Passei sete dias para chegar aqui porque dormimos em outro lugar porque não nos deixavam passar. E quando nos davam comida, eu preferia deixar de comer para dar para minha filha. Ela me dizia: "Mas mamãe, você não vai comer? Tem que comer para seguir caminhando". Eu a via e isso me motivava. Me deu forças porque queria dar meia volta e retornar para a Venezuela, mas a vi tão entusiasmada e por isso segui adiante. Mas, sim, passei por muitas coisas com a minha filha e foi difícil porque deixei a minha casa. Deixei as recordações de minha mãe ali. Essas são as decisões que uma pessoa tem que tomar para dar um futuro melhor para nossos filhos'. (Estelita Guillén, 02 de outubro de 2021, Manaus, Brasil)

'La razón por la que yo estoy aquí es mi hija. Mi hija tiene cinco años. Estoy aquí por ella porque sé que en Venezuela no le iba a dar una buena educación a mi hija. No iba a poder darle lo que en verdad necesita. Eso fue lo que me motivó a emigrar para Brasil. No fue fácil porque en el camino pasé muchas cosas. Yo cargando bolsos y ella me veía y me decía: "Mami, yo te ayudo, yo te ayudo". Pasé siete días para llegar aquí porque dormimos en otro lugar porque no nos dejaban pasar. Y cuando nos daban comida, yo prefería dársela a ella que comérmela yo y ella me decía: "Pero mami, ¿tú no vas a comer? Tienes que comer para seguir caminando". Yo la veía y eso me motivaba. Me dio fuerzas porque quería dar media vuelta pero la vi tan entusiasmada y por eso seguí adelante. Pero sí, pasé por muchas cosas con mi hija y fue difícil porque dejé mi casa. Dejé los recuerdos de mi mamá allí. Estas son las decisiones que uno tiene que tomar para un futuro mejor para nuestros hijos.' (Estelita Guillén, 2 de octubre de 2021, Manaos, Brasil)

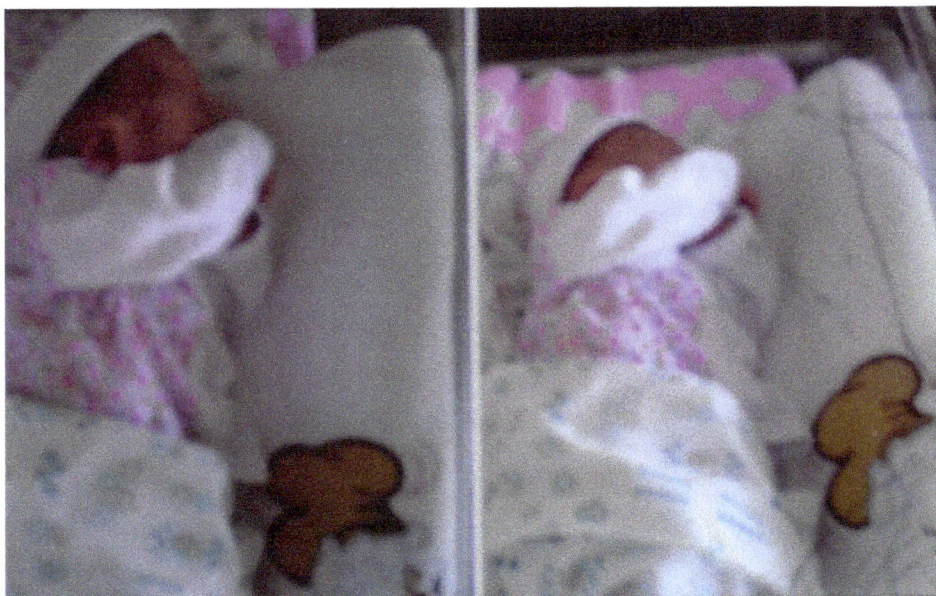

'Sem título' por Estelita Guillen (pseudônimo). Outubro de 2021. Manaus, Brasil

'Sin título' por Estelita Guillén (seudónimo). Octubre de 2021. Manaos, Brasil

'Quando eu tenho condições, eu ajudo meu filho. Ele me diz "Mamãe, graças a Deus que vocês saíram daqui [Venezuela], tudo está caro. Preço de comida, de alimentos, de medicamento". Quando eu tenho algo, eu o ajudo, faço a transferência.' (Alicia, 15 de agosto de 2021, Manaus, Brasil)

'Cuando yo tengo, yo ayudo a mi hijo. Me dice: "Mamá gracias a Dios que ustedes se fueron de aquí, todo el precio está arriba: precio de comida, precio de alimentos, precio de medicina. Cuando yo tengo yo le ayudo, le hago transferencia."' (Alicia, 15 de agosto de 2021, Manaos, Brasil)

'Sem título' por Alicia. Agosto de 2021, Manaus, Brasil

'Sin título' por Alicia. Agosto de 2021. Manaos, Brasil

'O arroz vem cru lá na rodoviária, a carne vem dura e o feijão vem duro, então o menino não comia nada. O que eu dizia pra ele nessas horas? "Não, não se preocupe, vou pedir na rua". Comecei a sair nas ruas pedindo dinheiro para poder comer, para poder comprar comida que eu pudesse cozinhar. Eu, com as minhas próprias mãos, para manter a minha família, mas das três semanas que estive no abrigo, somente fui pedir nas ruas três dias, deixei de ir porque o sol me dava dor de cabeça, me sentia mal.' (Alicia, 15 de agosto de 2021, Manaus, Brasil)

'*El arroz viene crudo allá en la rodoviaria, la carne viene dura y la caraota dura, entonces el niño no comió nada. ¿Qué dije yo? "No, no te preocupes, voy a ir a la "rúa" [calle] y voy a pedir". Empecé a salir a la calle a pedir dinero para poder comer, para poder comprar comida que pudiera cocinar. Yo con mis propias manos para mantener a mi familia, pero de las tres semanas que estuve en el albergue, solo estuve tres días en la calle, dejé de ir porque el sol me daba dolor de cabeza, me sentía mal.' (Alicia, 15 de agosto de 2021, Manaos, Brasil)*

'Sem título' por Alicia. Agosto de 2021. Manaus, Brasil

'Sin título' por Alicia. Agosto de 2021. Manaos, Brasil

'Eu gosto deste peixe e meu filho também gosta, assado. Meu filho não gosta de comer carne. Por isso, quando recebo o Bolsa Família, compro peixe para meu filho, para minha família, meu sobrinho, para minha mãe, para todos comerem. Porque esse alimento é o nosso alimento. É delicioso para nós. Para nós, isto é comida. Nos faz bem. Quando a gente come, nos dá um pouco de força. De energia.' (Florencia, 21 de agosto de 2021, Manaus, Brasil)

'Me gusta este pescado y a mi hijo también le gusta, asado. A mi hijo no le gusta comer carne. Por eso, cuando recibo la Bolsa Familia, compro pescado para mi hijo, para mi familia, para mi sobrino, para mi madre, para comer. Porque ese alimento es nuestro alimento. Es delicioso para nosotros. Para nosotros es comida. Le hace bien. Cuando lo come, le da un poco de fuerza. Le da energía'. (Florencia, 21 de agosto de 2021, Manaos, Brasil)

'Sem título' por Zunilde. Agosto de 2021. Manaus, Brasil

'Sin título' por Zunilde. Agosto de 2021. Manaos, Brasil

'Sem título' por Alenia. Agosto de 2021. Manaus, Brasil

'Sin título' por Alenia. Agosto de 2021. Manaos, Brasil

'Só estamos comendo marmita. Marmita, marmita, marmita, e agora estamos cansados. Tenho um filho pequeno ... e os meus seios? Não tenho seios, estão secos de apenas comer marmita, secos, secos. E leite? Não produzo. O bebê vai morrer. E de onde vou conseguir dinheiro para comprar leite? Alguém vai me ajudar? Não.' (Florencia, 21 de agosto de 2021, Manaus, Brasil)

'Quando o leite seca, os seios ficam duros e dói e dá febre. Bom, eu tive febre por dois dias, e por isso acabei dando leite para a minha filha, porque se não dava de mamar, meus seios enchiam de leite, ficavam mais duros e doíam ainda mais. Muito. Quando nós parimos, não podemos comer comida muito seca. Temos que comer sopa e alimentos que vão ao estômago e nos refresque, porque se comemos comida seca, nos dá '*dolor de la madre* [dor de mãe]' é assim que a gente diz na Venezuela, dor de mãe'. (Gleismari, 15 de agosto de 2021, Manaus, Brasil)

'Solo estamos comiendo marmita [comida prefabricada proporcionada por el Estado]. Marmita, marmita, marmita, y ahora estamos cansados. Tengo un crio pequeño ¿Y mis tetas? No tengo tetas, ahora están secas de comer pura marmita, secas, secas. ¿Y leche? Ni me hace. El niño se va a morir. ¿Y de dónde voy a conseguir dinero para comprar leche? ¿Alguien me va a ayudar? No.' (Florencia, 21 de agosto de 2021, Manaos, Brasil)

'Cuando la leche se seca, se pone dura y duele y da fiebre. Bueno a mí me dio fiebre, dos días con fiebre y luego yo le daba a mi hija, porque si no le daba teta eso se llenaba y se ponía más duro y dolía más. Muy fuerte. Cuando nosotras parimos, nosotras no podemos comer mucho seco. Comer sopa y tomar alimentos para que vaya al estómago y se refresque, porque si nosotros comemos seco nos da el "dolor de la madre", como nosotros decimos en Venezuela.' (Gleismari, 15 de agosto de 2021, Manaos, Brasil)

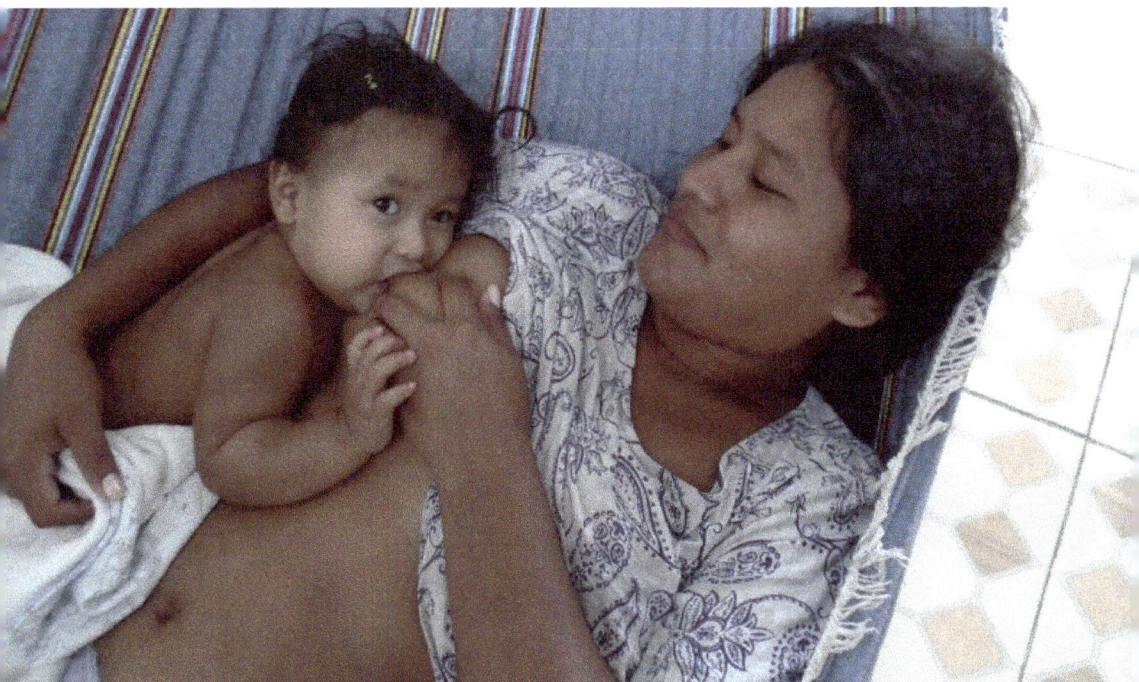

'Sem título' por Gleismari. Agosto de 2021. Manaus, Brasil

'Sin título' por Gleismari. Agosto de 2021. Manaos, Brasil

'Sem título' por Arianny. Agosto de 2021. Manaus, Brasil

'Sin título' por Arianny. Agosto de 2021. Manaos, Brasil

'Minha foto representa uma gravidez não planejada e o fato de eu estar sozinha. Tenho três filhos, e estive grávida de dois, sozinha. No caso do primeiro, além de sozinha, fiquei deprimida durante seis meses. Eu tinha 17 anos e caí numa depressão muito, muito profunda. Sempre tive o apoio da minha mãe e da minha avó, mas às vezes você pode ter o apoio do mundo todo, mas não pode tirar o que sente por dentro, não pode curar a si mesmo. Meu último bebê não foi planejado, soube que estava grávida, quando estava trabalhando e eu não queria tê-la. Mas quando peguei a minha filha nos meus braços, chorava pedindo perdão para ela, porque não queria ter a criança, não queria que ela passasse por todas as coisas que eu passei com a primeira.' (Maryset, 17 de julho de 2021, Manaus, Brasil)

'Mi foto representa un embarazo no planeado y estar sola. Tengo tres hijos y mientras estaba embarazada de dos estuve sola. Con el primero estuve sola y deprimida durante seis meses. Tenía 17 años y caí en una depresión muy, muy profunda. Siempre tuve el apoyo de mi madre y mi abuela, pero a veces puedes tener el apoyo de todo el mundo, pero no puedes quitarte lo que sientes por dentro, no puedes curarte a ti mismo. Mi último bebé no fue planeado, me enteré cuando estaba trabajando y no quería tenerla. Cuando tuve a mi hija en mis brazos, le pedí perdón llorando, porque no quería tener la niña, no quería que ella pasara por todas las cosas que pasé con la primera.' (Maryset 17 de julio de 2021, Manaos, Brasil)

'Grávida e sozinha' por Maryset. Julho de 2021, Manaus, Brasil

'Embarazo sola' por Maryset. Julio de 2021. Manaus, Brasil

Estereótipos de gênero e masculinidade tóxica, presente nas relações afetivas interpessoais e familiares e reforçadas por condições estruturais, estão na raiz da responsabilidade desproporcional do papel de cuidadora assumido por mulheres e na reprodução social das atividades que constituem o cuidado com a família, o lar e a comunidade.

Essas responsabilidades aumentam e se complicam devido às dificuldades pelas quais muitas mulheres passam durante e devido à migração, tais como acesso a escolas para seus filhos, falta de serviços de proteção e apoio, e escassez de recursos. As fotografias e depoimentos neste livro demonstram que a migração é um determinante de resultados negativos para a saúde física, psicológica e sexual, em parte devido à falta de apoio e proteção para as mulheres, as quais desproporcionalmente fazem trabalho informal e não remunerado.

Esse desequilíbrio crítico entre o que mulheres fazem em seu 'trabalho reprodutivo e social' e o que elas obtêm de retorno em termos de salário, acesso à saúde, ou tempo de lazer, causa problemas de saúde física e mental imediatos e no longo prazo, tais como stress ou doenças relacionadas, exaustão, insônia, ansiedade, e sentimentos de culpa e apreensão. Essa disparidade prejudicial é identificada como 'esgotamento' ou 'exaustão' (Rai, Hoskyns e Thomas, 2014). Como agravante, as atividades definidas como reprodução social continuam a ser vistas nos círculos de políticas públicas como consensuais. Mas pensar em consentimento dificulta pensar no 'esgotamento' ou 'exaustão' como um dano e, portanto, também dificulta a capacidade de medir adequadamente as consequências desses danos nas vidas das mulheres.

Os desafios decorrentes da prestação de cuidados durante o deslocamento colocam o autocuidado muito embaixo na lista de prioridades das mulheres migrantes. Elas enfrentam diversas dificuldades e traumas antes de migrar, durante o trânsito, e após

Los estereotipos de género y la masculinidad tóxica, que se manifiestan entre individuos dentro de las relaciones afectivas y familiares y que se refuerzan a través de condiciones estructurales, son la causa principal del compromiso desproporcionado con la prestación de cuidados y la reproducción social, actividades que constituyen el cuidado de la familia, el hogar y la comunidad.

Estas responsabilidades se ven incrementadas y complicadas por las dificultades que muchos enfrentan en la migración, como llevar a los niños a la escuela, la falta de servicios de atención y redes de apoyo, y la escasez de recursos. Las fotografías y testimonios muestran que la migración es un factor determinante de los resultados negativos para la salud física, psicológica y sexual, en parte debido a la falta de apoyo y protección para las mujeres que se dedican desproporcionadamente al trabajo de cuidado informal y no remunerado.

Este desequilibrio crítico entre lo que las mujeres dedican al 'trabajo reproductivo social' y lo que reciben en términos de salario, atención médica o tiempo libre, provoca problemas de salud mental y física inmediatos y a largo plazo, como estrés y enfermedades relacionadas con el estrés, agotamiento, insomnio, ansiedad y sentimientos de culpa y aprensión. Esta disparidad dañina se identifica como 'extenuación' (Rai, Hoskyns y Thomas, 2014). Como agravante, actividades de reproducción social continúan siendo consideradas dentro de los círculos políticos como naturales o consensuales. Pero el consentimiento aquí complica el establecimiento del agotamiento y la extenuación como un daño y, por lo tanto, la capacidad de medir adecuadamente sus consecuencias en las migrantes.

Los crecientes desafíos del cuidado durante el desplazamiento colocan el autocuidado en un lugar bajo en la lista de prioridades de las mujeres. Las mujeres enfrentan diversas dificultades y traumas antes de migrar, durante el tránsito y después de llegar a su lugar de residencia,

chegar ao destino, e têm apoio limitado para processar e curar tais traumas. Muitas mães solteiras, por exemplo, não têm apoio ou acesso a programas de proteção durante a migração. As redes de suporte que normalmente existem em seus países de origem são perdidas devido à migração, o que aumenta o stress e as dificuldades decorrentes de suas responsabilidades de cuidadora, mesmo que sejam feitas com muito carinho e amor.

Mulheres migrantes sentem a pressão relacionada às responsabilidades de cuidadora, não apenas em relação aos membros de sua família que migraram com elas, mas também em relação àqueles que ficaram para trás. Em muitos casos, mulheres venezuelanas assumem um encargo duplo de cuidado: cuidado direto para aqueles com elas no Brasil, e cuidado financeiro para enviar remessas para aqueles que ficaram para trás em seus países de origem.

A falta de redes, políticas e recursos para apoiar mulheres migrantes nas suas atividades de cuidado as coloca em situações estressantes e que lhes causam riscos, particularmente no caso das mulheres indígenas. Mulheres Warao geralmente levam seus filhos com elas para as ruas, para vender seus artesanatos ou a mendigar. Mas isso coloca essas mulheres e seus filhos em risco de se tornarem alvos de práticas governamentais racistas pelas autoridades locais. Muitas mulheres Warao têm medo de que seus filhos sejam levados pelo Conselho Tutelar, que podem tirar as crianças de suas mães sob a justificativa de negligência e exploração infantil[2]. Utilizando a legislação brasileira sobre crianças e adolescentes, isto é, o Estatuto da Criança e do Adolescente (ECA), o Conselho Tutelar pode tomar decisões arbitrárias sobre o que representa segurança da criança e como mães devem lidar com isso, como por exemplo considerar remover as crianças de suas mães.

No caso das migrantes indígenas, não é apenas a natureza precária de sua situação socioeconômica que as levam a vender ou

con un apoyo limitado para procesar lo que atraviesan y recuperarse.

Muchas madres solteras, por ejemplo, carecen de programas de apoyo y atención durante la migración. Las redes de apoyo que normalmente existen en sus países de origen se pierden por el desplazamiento, lo que aumenta el estrés y las dificultades del cuidado, aunque se haga con mucho amor.

Las mujeres migrantes sienten las presiones de género de cuidar no solo de su familia que migra con ellas, sino también de su familia en casa. En muchos casos, las mujeres venezolanas asumen una doble carga de cuidados: atención directa a quienes las acompañan en Brasil y atención económica mediante el envío de remesas a quienes se quedan en su país de origen.

La falta de redes, de políticas y de recursos para apoyar a las migrantes en sus funciones de cuidado las deja en situaciones estresantes y de riesgo, particularmente para las mujeres indígenas. Las mujeres Warao suelen llevar a sus hijos con ellas cuando salen a vender sus artesanías y a pedir dinero en las calles. Pero esto pone a las mujeres y sus hijos en un riesgo particular de convertirse en blanco de prácticas estatales sesgadas y raciales por parte de la autoridad local. Muchas mujeres Warao temen que sus hijos sean retirados por el Consejo Tutelar, bajo el argumento de negligencia y explotación. Utilizando legislación como la Ley Federal Brasileña llamada Estatuto del Niño y del Adolescente de 1990, se podrían tomar decisiones arbitrarias sobre lo que representa la seguridad del niño o la niña, por ejemplo, considerando la separación de su madre[2].

En el caso de los indígenas migrantes, no es solo la precariedad de su situación socioeconómica lo que los empuja a vender o pedir dinero en las calles. También existen determinantes culturales relacionados con la falta de acceso a alimentos culturalmente apropiados en los albergues, lo que empuja a las mujeres a salir a la calle a pedir

pedir dinheiro nas ruas. Há também um forte determinante cultural relacionado à falta de acesso à alimentação tradicional adequada em abrigos, que faz com que saiam às ruas para pedir dinheiro a fim de que possam comprar sua própria comida. Ainda assim, além dos desafios relacionados à prestação de cuidados, o autocuidado das mulheres nessa situação também é afetado pelo fato de que ficam nas ruas o dia todo, em condições exaustivas e em altas temperaturas, expostas a situações de discriminação e xenofobia, bem como outras práticas violentas – as quais negativamente impactam sua saúde.

Oferecer alimentação tradicional é um exemplo da denominada 'reprodução cultural' (Rai, Hoskyns e Thomas, 2014), conectada ao 'esgotamento' ou 'exaustão' e outros problemas de saúde que as mulheres Warao descrevem como 'dor de mãe' (no original, *dolor de la madre*). As mulheres Warao expressaram ter diversas barreiras para acessar e cozinhar comidas tradicionais de sua comunidade. Elas explicaram que sua alimentação é intimamente conectada aos seus papéis sociais marcados pelo gênero enquanto provedoras de cuidados. De acordo com a cosmovisão Warao, a comida é um aspecto central de sua saúde, não apenas considerando a saúde individual da mulher – incluindo sua saúde sexual e reprodutiva, como discute-se no Capítulo 3 – mas também sua capacidade de cuidar de seus filhos, por exemplo, afetando sua produção de leite para amamentar. A falta de alimentação e nutrição adequadas estariam ligadas à gravidez de alto risco e a dificuldades de amamentar. Consequentemente, isso afeta tanto as mulheres Warao, como seus filhos. O provimento de alimentos conectados à cultura dos abrigados é, portanto, uma parte essencial da defesa dos direitos sexuais e reprodutivos das mulheres indígenas migrantes.

As mulheres Warao explicam que seus filhos e companheiros não têm energia ou força suficientes quando as mulheres não conseguem preparar para eles

dinero para poder costear su propia elección de alimentación. Sin embargo, además de los desafíos del cuidado, el autocuidado de las mujeres también se ve afectado por estar todo el día en la calle en condiciones agotadoras y con altas temperaturas, exponiéndolas a situaciones de discriminación y xenofobia, así como a otras prácticas violentas, todo lo cual impacta negativamente en su salud.

Proporcionar alimentos tradicionales es un ejemplo de 'reproducción cultural' (Rai, Hoskyns y Thomas, 2014), que está relacionado con el agotamiento y otros daños a la salud que las mujeres Warao quienes describen sufrir lo que definen como dolor de la madre. Las mujeres Warao expresaron varias barreras en torno al acceso y la preparación de alimentos tradicionales. Explicaron que la comida está íntimamente relacionada con sus roles de género particulares como cuidadoras. De acuerdo con la cosmovisión Warao, la alimentación es un aspecto central de la salud individual de una mujer, incluida su salud sexual y reproductiva como se analiza en el Capítulo 3, pero también de su capacidad para cuidar a sus hijos, por ejemplo, el hecho de ser capaz de producir leche para amamantar. La falta de una alimentación adecuada está relacionada con embarazos de alto riesgo y dificultades en la lactancia. En consecuencia, esto afecta tanto a las mujeres Warao como a sus hijos e hijas. Proporcionar alimentos culturalmente sensibles en los albergues es una parte esencial del respeto de los derechos sexuales y reproductivos de las indígenas migrantes.

Además, las mujeres Warao explicaron que a sus hijos y parejas les falta fuerza y energía cuando no pueden proporcionarles la comida tradicional. Como se afirma en el informe del Alto Comisionado de las Naciones Unidas para los Refugiados (ACNUR, 2021:42), los alimentos tradicionales brasileños, como la carne roja y los frijoles, no constituyen una dieta típica Warao, que se compone principalmente de pescado, dadas sus comunidades de origen porque son pueblos de pescadores.

seus pratos de comida tradicionais. Conforme demonstrado no relatório do Alto Comissariado das Nações Unidas para os Refugiados (ACNUR, 2021:42), comidas tradicionais brasileiras, tais como carne vermelha e feijão não fazem parte da dieta típica dos Warao, que consiste majoritariamente em peixes, considerando que suas comunidades originalmente eram constituídas de pescadores. A comida oferecida aos migrantes Warao é, portanto, inadequada e insuficiente, colocando-os em uma situação de insegurança alimentar e impactando negativamente seus problemas de saúde pré-existentes. Isso também afeta sua autonomia, no sentido de serem capazes de prover e cuidar de suas famílias, algo que frequentemente os impele a sair de abrigos e continuar em ciclos de deslocamento. Acesso à comida é importante não apenas em termos de valor nutricional e calórico para a saúde e bem-estar individual, mas também no sentido cultural. Nosso direito humano à comida não é simplesmente um direito a uma parcela mínima de calorias, proteína e nutrientes, mas um direito a todos os elementos nutricionais que uma pessoa necessita para se manter saudável – incluindo alimento culturalmente adequado. De maneira similar, nosso direito humano à moradia não é apenas um direito a um teto sobre nossas cabeças, mas o 'direito de viver com segurança, em paz e dignamente.' Quando alimentação e abrigo são fornecidos de forma prescritiva e restritiva por atores estatais e ONGs, os migrantes indígenas têm seus direitos humanos negados. Uma hierarquia cultural também é instituída quando suas necessidades culturais não são respeitadas. Como mães, sua incapacidade de nutrir adequadamente seus filhos traz dor e sofrimento.

Privação cultural, juntamente com pobreza e marginalização, é um desafio comum que as mulheres migrantes enfrentam quando se trata das responsabilidades de cuidado e autocuidado. Pobreza e sobrecarga são questões importantes, que levam muitas vezes as mulheres a priorizar as necessidades básicas de seus filhos ou família (comida, saúde e abrigo em particular) antes das suas

La alimentación que se brinda a los migrantes Warao es por lo tanto inadecuada e insuficiente, lo que les coloca en una condición de inseguridad alimentaria y nutricional y afecta negativamente posibles problemas de salud preexistentes. También restringe su autonomía para poder cuidar a sus familias, lo que a menudo hace que abandonen los refugios y se vuelvan a desplazar. El acceso a los alimentos es importante no solo en términos de valor nutricional y calórico para la salud y el bienestar, sino también culturalmente. Nuestro derecho humano a la alimentación no es simplemente el derecho a una ración mínima de calorías, proteínas y nutrientes, sino el derecho a todos los elementos nutricionales que una persona pueda necesitar para vivir de manera saludable, incluida la adecuación cultural. De manera similar, el derecho humano a la vivienda no es solo el derecho a un techo sobre nuestras cabezas, sino el derecho a 'vivir en seguridad, paz y dignidad'. Cuando los actores estatales y las ONG proporcionan alimentos y refugio de manera prescriptiva y restrictiva, niegan sus derechos humanos a los migrantes indígenas. También se instaura una jerarquía cultural cuando no se respetan sus necesidades culturales. Como madres, la incapacidad de nutrir adecuadamente a sus hijos causa dolor y sufrimiento.

La privación cultural, junto con la pobreza y la marginación, es un desafío común que enfrentan las mujeres migrantes cuando se trata de cuidar a otros y de cuidar de sí mismas. La pobreza y la sobrecarga son problemas importantes, que a menudo llevan a las mujeres a priorizar las necesidades básicas de sus hijos o familia (alimentación, salud y vivienda en particular) antes que las propias. Muchas migrantes se colocan en último lugar en la lista de prioridades para comer y recibir atención médica u otro apoyo de bienestar, a pesar del cansancio y los riesgos que enfrentan en su vida cotidiana y en las diferentes etapas de sus experiencias migratorias. Por ejemplo, Royra recuerda:

próprias necessidades. Muitas mulheres migrantes colocam-se em último lugar na lista de prioridades, quando se trata de alimentação e para acessar atendimento médico ou outros tipos de assistência, apesar de seu esgotamento e dos riscos que enfrentam no seu cotidiano e nas diferentes fases das suas experiências migratórias. Por exemplo, Royra lembra:

'Deixamos nossa saúde, nossos problemas, e muitas outras coisas para trás, sempre apenas pensando neles [nossos filhos e filhas], e somente neles e em seu bem-estar. Nós estamos dispostas a sermos humilhadas, estamos dispostas a aguentar tudo – inclusive passar fome – por nossos filhos. É algo doloroso para eles, ter que nos ver nessa situação. Se um homem nos violenta, uma mulher tem que aguentar a humilhação pensando no bem deles [filhos e filhas], para dar-lhes um pouco de comida.' (Royra, 17 de julho de 2021, Manaus, Brasil)

Certas escolhas que migrantes têm que fazer – e as mulheres migrantes forçadas em particular – são ainda mais difíceis devido a políticas que ignoram o papel das mulheres como cuidadoras. As experiências das mulheres deslocadas sugerem que mudanças sociais, culturais e de estilo de vida, como a perda de redes familiares e de amizade e o aumento dos estados de precariedade e pobreza, são fatores que afetam seu bem-estar, bem como as oportunidades de integração imediata e no longo prazo. Para muitas mulheres migrantes, é muito difícil seguir adiante (no original, *salir adelante*, seguir em frente, progredir) – um objetivo repetidamente enfatizado pelas participantes – sobretudo porque elas querem melhorar a vida de seus filhos. Para apoiar e capacitar as mulheres migrantes,

'Dejamos nuestra salud, nuestros problemas y muchas cosas atrás, siempre solo pensando en ellos [nuestros hijos e hijas] y solamente en ellos y en su bienestar. Nosotras estamos dispuestas a ser humilladas, estamos dispuestas a aguantar todo— aun a pasar hambre— por nuestros hijos. Es algo doloroso que ellos tengan que ver nuestra situación. Si un hombre nos golpea, que uno tenga que aguantar humillación por tenerlos bien a ellos, por darles un bocado de comida' (Royra, 17 de julio de 2021, Manaos, Brasil)

Ciertas elecciones que tienen que hacer las migrantes y, en particular, las mujeres migrantes forzadas se vuelven aún más difíciles debido a las políticas que ignoran el papel de las mujeres como cuidadoras. Las experiencias de las mujeres desplazadas sugieren que los cambios sociales, culturales y de estilo de vida, como la pérdida de redes familiares y de amistad y el aumento de los estados de precariedad y pobreza, son factores que impactan en su bienestar y oportunidades de integración inmediata y a largo plazo. Para muchas mujeres migrantes es muy difícil salir adelante — meta repetidamente enfatizada por las participantes— sobre todo para mejorar la vida de sus hijos. Se necesitan soluciones duraderas que sean más sensibles a la cultura y el género para apoyar y empoderar a las mujeres migrantes.

Los muchos desafíos que enfrentan las migrantes se agravan porque reciben poco apoyo. A veces, esto se debe a problemas de burocracia, incluidas las barreras del idioma o la falta de información. En otras ocasiones, hay una sensación de resignación ante las malas condiciones o una sensación de falta de poder. Las mujeres y las niñas en situación de desplazamiento necesitan visibilidad, voz y atención, no solo por sus

são necessárias soluções duradouras que sejam mais sensíveis às questões culturais e de gênero.

Os muitos desafios que as mulheres migrantes enfrentam são agravados porque elas ainda recebem pouco apoio. Às vezes, isso se deve a questões burocráticas, incluindo barreiras linguísticas ou falta de informação. Em outros casos, há uma sensação de resignação às más condições ou uma sensação de desempoderamento. Mulheres e adolescentes em situação de deslocamento forçado precisam de visibilidade, voz e atenção – não apenas devido às suas necessidades, mas também devido aos seus direitos. É importante responsabilizar tomadores de decisão quando houver possibilidades de implementar melhorias das experiências de maternidade e cuidado e autocuidado durante a migração. É preciso enfatizar o direito das mulheres de viver uma vida plena e saudável além da simples sobrevivência. Proteção a mulheres migrantes deve ir além do humanitarismo e além de suas necessidades imediatas, de tal forma que não apenas repare os danos vivenciados por elas, mas também contribua para a redução das desigualdades em relação à sua saúde, em relação às suas responsabilidades de cuidado, bem como dos ciclos de privação e exclusão. Ao fazê-lo, mulheres e meninas migrantes poderão reconstruir suas vidas com dignidade.

Reparar os danos enfrentados por mulheres migrantes

Como vimos neste capítulo, as mulheres migrantes frequentemente priorizam a saúde e o bem-estar de sua família em detrimento do seu próprio. Mas o cuidado com os outros e o autocuidado não devem ser mutuamente excludentes. Políticas públicas devem permitir ambos, caso contrário, as mulheres são forçadas a priorizar quem merece direitos básicos. É por isso que é tão importante ter programas que vão

necesidades sino también porque tienen derechos. Es importante responsabilizar a quienes toman las decisiones cuando existan oportunidades para mejorar las experiencias de maternidad y cuidado de las mujeres migrantes durante la migración, y enfatizar el derecho de las mujeres a vivir una vida plena y saludable más allá de la simple supervivencia. La protección debe ir más allá del humanitarismo y de las necesidades inmediatas de las víctimas para reparar los daños y contribuir a la reducción de las desigualdades en la atención y la salud, así como en los ciclos de privación y exclusión. Hacerlo permitiría a las mujeres y niñas migrantes reconstruir sus vidas con dignidad.

Reparar daños para las mujeres migrantes

Como hemos visto en este capítulo, las mujeres migrantes suelen priorizar la salud y el bienestar de su familia por encima de los suyos propios. Pero el cuidado de los demás y el autocuidado no deberían ser excluyentes. Las políticas deben permitir ambos, de lo contrario las mujeres deben priorizar quién merece derechos básicos. Por eso es tan importante tener programas que vayan más allá del refugio y, en cambio, se centren en brindar apoyo y protección de manera holística, preventiva, y que pueda empoderar a los cuidadores. Dichos programas y políticas también deben ir más allá de los servicios de emergencia e incluir proyectos a largo plazo que permitan a las mujeres integrarse plenamente en el país de residencia.

Las políticas laborales y sociales que apoyen las tareas y actividades de cuidado de las personas migrantes deben incluir acciones que mejoren el acceso a guarderías y escuelas de tiempo completo y de calidad, confiables y gratuitas para que las mujeres puedan ejercer sus derechos laborales en igual condición a sus contrapartes masculinas. De lo contrario, los riesgos son una pobreza feminizada, prolongada entre la

além do abrigamento e, em vez disso, se concentrem em fornecer apoio e proteção de maneira holística, preventiva, e de forma a empoderar essas mesmas mulheres migrantes e cuidadoras. Esses programas e políticas também devem ir além dos serviços de emergência e incluir projetos de longo prazo, que permitam que as mulheres se integrem plenamente no país de residência.

As políticas trabalhistas e sociais que buscam apoiar migrantes com responsabilidades de cuidadoras devem, portanto, melhorar o acesso a creches de qualidade, confiáveis e gratuitas, e às escolas em tempo integral, para que as mulheres possam exercer seus direitos trabalhistas de forma igualitária aos homens migrantes. Caso contrário, o risco é a consolidação da feminização da pobreza entre migrantes, por meio de um ciclo de trabalho casual, informal ou exploratório ou simplesmente o desemprego.

É necessária uma resposta holística: e isso significa políticas públicas direcionadas e específicas para melhorar o acesso das mulheres migrantes ao emprego formal, por um lado, e, por outro, políticas que cuidem dessas mulheres no trabalho, com, por exemplo, a aplicação efetiva da lei contra o estupro e exploração feminina. Isso serviria tanto para proteger quanto para capacitar mulheres migrantes.

As políticas sociais não devem apenas considerar as mulheres migrantes enquanto mães, mas também reforçar a importância de cuidar de sua própria saúde, bem-estar e seus direitos de viver uma vida digna. As políticas devem refletir, por exemplo, que vivenciar plenamente os direitos reprodutivos também significa ter um ambiente seguro e solidário em que se possa escolher ter ou não uma família.

Políticas sociais específicas para migrantes e sensíveis ao gênero devem, portanto, apoiar o desenvolvimento de redes de mulheres migrantes, ajudando a construir e fortalecer relacionamentos entre elas mesmas, bem como com as comunidades locais e migrantes.

comunidad migratoria a través de un ciclo de trabajo ocasional, informal o de explotación, o simplemente desempleo.

Se necesita una respuesta holística. Esto implica, por un lado, políticas específicas orientadas a mejorar el acceso de las mujeres migrantes al empleo formal y, por otro, políticas que atiendan a estas mujeres en el trabajo, como la aplicación efectiva de la ley contra la violación, la violencia sexual, y la explotación de la mujer. Esto serviría para proteger y empoderar a las mujeres migrantes.

Las políticas sociales no solo deben abordar a las mujeres como madres, sino también reforzar la importancia de su propia salud, bienestar y sus derechos a vivir vidas dignas. Las políticas deben reflejar, por ejemplo, el hecho de que experimentar plenamente los derechos reproductivos también significa tener un entorno seguro y de apoyo en el que se pueda elegir si tener o no una familia.

Las políticas sociales específicas para migrantes y sensibles al género deben apoyar el desarrollo de redes para mujeres migrantes, para que las ayuden a construir relaciones sólidas con las comunidades locales y migrantes.

Finalmente, los servicios de atención y apoyo para las migrantes, incluidas las migrantes indígenas, deben ser culturalmente sensibles y con capacidad de empoderar, en lugar de ser punitivos. La provisión de alimentos en los albergues debe ser sensible y respetuosa con respecto a las demandas culturales específicas de las comunidades indígenas migrantes. Para establecer estas redes y servicios, también es urgente crear canales de diálogo abierto con las mujeres migrantes a fin de diseñar e implementar respuestas institucionales apropiadas e interseccionales.

Finalmente, os serviços de atendimento e apoio às mulheres migrantes, incluindo migrantes indígenas, devem ser culturalmente sensíveis e empoderadores, ao invés de punitivos. A provisão de alimentos em abrigos deve respeitar as demandas culturais específicas das comunidades indígenas migrantes. A fim de estabelecer essas redes e serviços, há também a necessidade urgente de criar canais de diálogo aberto com as mulheres migrantes, para criar e implementar respostas institucionais apropriadas e interseccionais.

Formas de violência de gênero

Formas de violencia de género

'Cara vemos, coração não sabemos' por Eolannis.
Outubro de 2021. Manaus, Brasil

'Cara vemos, corazones no sabemos' por Eolannis.
Octubre de 2021. Manaos, Brasil

Violência de gênero em deslocamento

A violência de gênero é a maior causa de morte de mulheres e meninas entre 19 e 44 anos em todo o mundo (True, 2012). Sua natureza é multifacetada e interseccional, e pode aparecer como violência física, sexual, psicológica ou econômica. Sabe-se que a violência de gênero causa lesões, infecções sexualmente transmissíveis, complicações na gravidez, doença mental, gravidez indesejada e até morte (Freedman, 2016; OPAS, 2019; Mayblin et al., 2020). Para muitas mulheres e meninas, a migração oferece uma linha de fuga dessa violência. No entanto, as sobreviventes muitas vezes continuam a enfrentar desafios profundos que as afetam pessoal, social e economicamente durante o deslocamento e no lugar de destino como resultado da experiência de violência.

A migração, no entanto, também pode expor mulheres e meninas à violência da qual muitas fogem. As migrantes forçadas estão particularmente expostas a riscos de exploração, violência sexual e comportamentos sexuais de risco utilizados para garantir sua sobrevivência. Para uma mulher ou menina migrante, a possibilidade e ocorrência de violência de gênero são impactadas por diversos fatores, tais como a duração de sua jornada, seus meios de viagem, seu status legal, as políticas que concedem ou negam o acesso a serviços de saúde e de assistência social adequados para migrantes, e as condições de trabalho e de vida a que estão sujeitas. Sobreviventes desse tipo violência também podem encontrar dificuldades em acessar serviços ou recursos que as apoiem na mitigação dos impactos da violência em suas vidas, devido ao seu status socioeconômico, raça ou etnia, idade, deficiência, orientação sexual ou status migratório (Freedman, 2014). Todos esses fatores têm impactos significativos na vida das sobreviventes.

A violência de gênero está intimamente ligada a estruturas políticas e econômicas

Violencia de género en el desplazamiento

La violencia de género es la principal causa de muerte de mujeres y niñas de 19 a 44 años en todo el mundo (True, 2012). Este tipo de violencia es multifacética y transversal, y puede manifestarse como violencia física, sexual, psicológica o económica. Se sabe que la violencia de género puede causar lesiones, infecciones de transmisión sexual, embarazos y complicaciones del embarazo, enfermedades mentales e incluso puede llevar a muerte (Freedman, 2016; PAHO, 2019; Mayblin et al., 2020). Para muchas mujeres y niñas, la migración ofrece un escape a esta violencia. Sin embargo, las sobrevivientes a menudo continúan enfrentando profundos desafíos que afectan sus oportunidades personales, sociales y económicas durante el desplazamiento y allí donde se establecen.

La migración también puede exponer a las mujeres y las niñas a la violencia. Las migrantes forzadas están especialmente expuestas a riesgos de explotación, violencia sexual y conductas sexuales de riesgo para sobrevivir. Para una mujer o niña migrante, la posibilidad y la manifestación de la violencia de género se ven determinadas por la duración de su viaje, los medios de viaje, su estatus legal, por las políticas que otorgan o niegan el acceso a servicios sociales y de salud a las personas migrantes, y las condiciones de vida y de trabajo a las que están sujetas. Las sobrevivientes de esta violencia también pueden enfrentar un acceso reducido a recursos o apoyo para mitigar el impacto de la violencia debido a su condición socioeconómica, raza o etnia, edad, discapacidad, orientación sexual o condición de migrante (Freedman, 2014). Todos estos factores tienen impactos significativos que alteran la vida de las sobrevivientes.

La violencia de género está íntimamente ligada a las estructuras políticas y económicas que crean sistemas de poder y relaciones sociales que son intrínsecamente

que criam sistemas de poder e relações sociais inerentemente prejudiciais e injustos para muitas mulheres (True, 2012; Harcourt, 2016). O impacto dessas estruturas sobre as migrantes é claro, manifestando-se em múltiplas formas de violência. Mulheres e adolescentes deslocadas vivem às margens das estruturas políticas, sociais e econômicas. Pobreza, falta de acesso ao mercado de trabalho formal e de redes de apoio, falta de familiaridade com um novo país e, às vezes, o status migratório irregular, criam e perpetuam situações de desvantagem, vulnerabilidade e violência de gênero para mulheres e meninas migrantes e limitam seu acesso aos recursos que previnem e reparam essa realidade.

Além disso, vivenciar a violência de gênero tem um impacto negativo de longo prazo na saúde e no bem-estar de mulheres e meninas migrantes. As fotografias e depoimentos aqui incluídos detalham algumas das maneiras pelas quais as mulheres migrantes vivenciam a violência de gênero antes, durante e depois de deixar seu país de origem e suas casas. Elas ampliam os conceitos de violência em deslocamento e demonstram a necessidade de mais atenção política ao tema e às narrativas e experiências das migrantes. Mulheres e meninas migrantes devem ser mantidas a salvo da violência de gênero, tendo em vista que isto é seu direito humano, e merecem receber os recursos para viver uma vida plena, saudável e feliz.

dañinas e injustas para muchas mujeres (True, 2012; Harcourt, 2016). El impacto que tienen estas estructuras sobre las migrantes es evidente y se manifiesta en varias formas de violencia. Muchas mujeres y niñas desplazadas viven al margen de las estructuras políticas, sociales y económicas. La pobreza, la falta de acceso a un trabajo formal digno, el aislamiento de las redes de apoyo, la falta de familiaridad con un nuevo país y, en ocasiones, el estatus migratorio irregular crean y perpetúan situaciones de desventaja, vulnerabilidad y violencia de género para mujeres y niñas migrantes y limitan su acceso a varios recursos.

Además, sufrir violencia de género tiene un impacto negativo a largo plazo en la salud y el bienestar de las mujeres y niñas migrantes. Las fotografías y testimonios incluidos aquí detallan algunas de las formas en que las migrantes experimentan la violencia de género antes, durante y después de salir de su país de origen. También amplían las conceptualizaciones de la violencia durante el desplazamiento y demuestran la necesidad de una mayor atención política. Las mujeres y niñas migrantes merecen estar a salvo de la violencia de género y poder contar con los recursos para vivir vidas plenas, saludables y felices, lo cual es su derecho humano.

Experiências de violência

La experiencia de la violencia

Objetificação e violência sexual

Cosificación y violencia sexual

'É difícil conseguir trabalho para nós mulheres, porque, em primeiro lugar, a maioria dos homens, que são donos de negócios, querem abusar psicologicamente das mulheres. Crêem que todas as mulheres são iguais [e] que as mulheres dão seu corpo facilmente. Os homens querem abusar de nós, mulheres, que somos mães solteiras. Por isso trabalhei por apenas 25 reais por dia, ou mesmo por 15 ou 10 reais. Tem sido muito difícil para nós. Trabalhar um dia inteiro em uma função dura por apenas 25 reais não é fácil. É principalmente no âmbito dos trabalhos informais onde os homens querem abusar [das mulheres]. Porque você é bonita, tem um rosto bonito, ou uma bunda bonita querem abusar de você. Às vezes fazem propostas indecentes como única alternativa para te darem o trabalho. E aí ou você decide pegar o trabalho como eles propõem, ou não trabalha.' (A Pisciana Mais Bela, 02 de outubro de 2021, Manaus, Brasil)

'Es difícil conseguir trabajo aquí para nosotras, las mujeres porque, en primer lugar, la mayoría de los hombres que son dueños de sus negocios quieren abusar psicológicamente de las mujeres. Creen que todas las mujeres son iguales y que las mujeres pueden dar su cuerpo fácilmente. Los hombres quieren venir y abusar de nosotras las mujeres que somos madres solteras. Por eso he trabajado por apenas 25 reales al día, o incluso 15 o 10 reales. Ha sido difícil para nosotros. Trabajar un día entero en un trabajo duro por solo 25 reales no es fácil. Es principalmente en los trabajos informales donde los hombres quieren abusar [de las mujeres]. Porque tienes una cara bonita o porque tienes un lindo trasero quieren abusar de ti. A veces te hacen propuestas indecentes para que consigas el trabajo. O decides hacer el trabajo con ellos como te dicen, o no aceptas el trabajo.' (La Pisciana Más Bella, 2 de octubre de 2021, Manaos, Brasil)

'Mulher desempregada I' por Marisol. Outubro de 2021. Manaus, Brasil

'Mujer desempleada I' por Marisol. Octubre de 2021. Manaos, Brasil

'Eu tive a experiência de trabalhar numa padaria. Tenho uma filha de 16 anos. Quando meu chefe a viu, imediatamente quis contratá-la. Não se pode fazê-lo, pois ela é menor de idade, mas ele disse que se sentia atraído pela minha filha. Tive que sair do meu emprego. Tive que mudar de casa, mas não consegui outro trabalho. Acabei fazendo faxina em casas, vendendo qualquer coisa, vendendo doces.' (Yuritza, 02 de outubro de 2021, Manaus, Brasil)

'Tuve la experiencia de trabajar en una panadería. Tengo una hija de 16 años. Cuando mi jefe vio a mi hija, inmediatamente quiso contratarla. No puedes hacer eso. Ella es menor de edad. Pero dijo que se sentía atraído por mi hija. Tuve que dejar mi trabajo. Tuve que mudarme, pero no pude conseguir otro trabajo. Terminé limpiando casas, vendiendo cualquier cosa, vendiendo dulces.' (Yuritza, 2 de octubre de 2021, Manaos, Brasil)

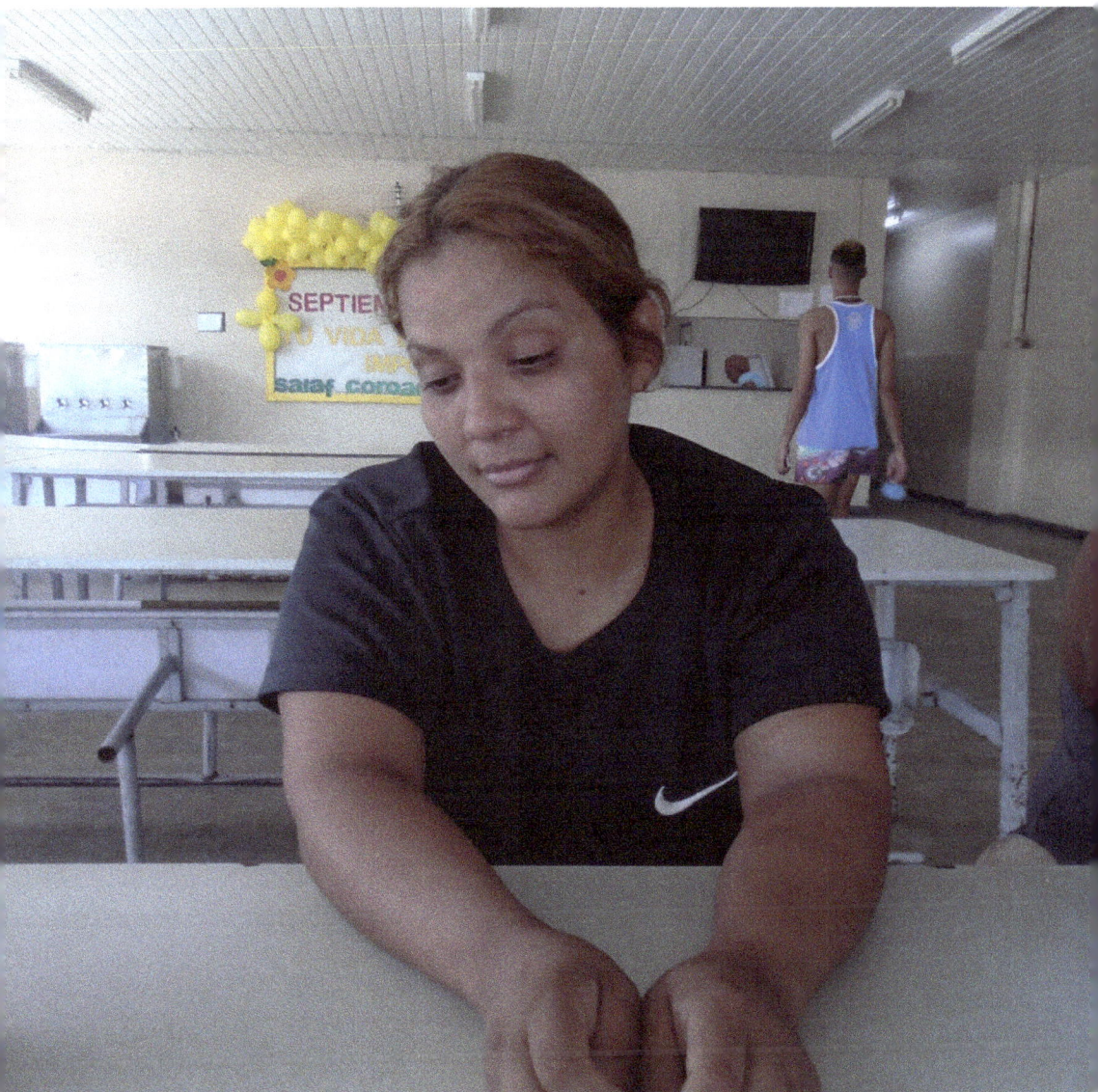

'Mulher desempregada II' por Marisol. Outubre de 2021. Manaus, Brasil

'Mujer desempleada II' por Marisol. Octubre de 2021. Manaos, Brasil

Mulheres e adolescentes migrantes se tornam mais vulneráveis quando são atribuídos a elas alguns status sociais específicos nas comunidades em que passam a residir. Tais papéis são determinados por normas sociais e podem causar degradação, desvalorização e discriminação prejudiciais a essas mulheres (Freedman, 2015: 20; Christian e Dowler, 2019).

Por exemplo, a pobreza, o desespero pessoal e outras barreiras ao acesso ao mercado formal de trabalho podem fazer com que mulheres venezuelanas tenham mais risco de serem submetidas à exploração sexual e ao estupro, por meio do que se denomina 'sexo transacional' – a troca de sexo por comida, abrigo, dinheiro, ou outros benefícios, em situações em que as possibilidades de 'escolher' livremente são drasticamente reduzidas. Entretanto, estereótipos prejudiciais e a hipersexualização de mulheres e meninas migrantes acabam surgindo como consequência da realidade do 'sexo transacional', o que restringe ainda mais suas oportunidades. Algumas mulheres demonstraram ter normalizado o comportamento masculino predatório para com elas e suas filhas adolescentes quando, por exemplo, proprietários de negócios locais ofereceram trabalho, dinheiro, ou produtos em troca de favores sexuais. Essa objetificação sexual de mulheres e adolescentes migrantes reproduz estereótipos racistas, sexistas e discriminatórios, bem como as relações sociais de poder que restringem as possibilidades dessas mulheres de fazerem escolhas de maneira livre, e dificultam o seu direito de viver com dignidade e respeito aos seus direitos em suas jornadas migratórias.

A pobreza de mulheres migrantes, seus status migratórios precários ou irregulares, e sua necessidade de apoiar suas famílias, quando também se leva em consideração a misoginia, o racismo e a xenofobia, as tornam particularmente vulneráveis a riscos de assédio sexual e exploração sexual no local de trabalho. Mas as mulheres migrantes têm o direito de trabalhar em espaços dignos e seguros e o direito de viver uma vida livre de violência.

Las migrantes se vuelven más vulnerables cuando se les asignan roles y estatus sociales particulares dentro de las sociedades de acogida. Estos roles están dictados por normas sociales y pueden causar degradación, devaluación y discriminación dañinas (Freedman, 2015: 20; Christian y Dowler, 2019).

Por ejemplo, la pobreza, la desesperación y otras barreras para acceder a un trabajo formal decente pueden dejar a las mujeres venezolanas en mayor riesgo de explotación sexual y violación a través del llamado 'sexo transaccional': el intercambio de sexo por comida, vivienda, dinero u otros beneficios en situaciones de 'elección' extremadamente restringida. Como resultado, surgen estereotipos nocivos y la hipersexualización de las mujeres y niñas migrantes, lo que limita aún más sus oportunidades. Algunas mujeres identificaron la normalización del comportamiento depredador de los hombres hacia ellas y sus hijas adolescentes, donde, por ejemplo, los dueños de negocios locales ofrecían trabajo, dinero o bienes a cambio de favores sexuales. Esta cosificación sexual de las mujeres y niñas migrantes reproduce estereotipos y relaciones de poder racistas, sexistas y discriminatorias en la sociedad que limitan aún más sus opciones y el disfrute de sus derechos y la dignidad durante sus viajes migratorios.

La pobreza, el estatus legal precario o irregular de las mujeres migrantes y la necesidad de mantener a sus familias, junto con el racismo/xenofobia y la misoginia, las dejan vulnerables a los riesgos de acoso sexual y de la explotación sexual en el lugar de trabajo. Pero las mujeres tienen derecho a trabajar en espacios dignos y seguros, y tienen derecho a vivir una vida libre de violencia.

Violência familiar e
de parceiros

Violencia familiar y
de pareja

'A foto é sobre abuso sexual. Muitas mulheres se silenciam nesses casos. Não dizemos nada. Às vezes nem sequer contamos aos nossos próprios parceiros. Quando eu era mais nova, passei por algo similar e, lamentavelmente, não tive nenhum apoio. Você não se esquece de algo assim. Isso fica com você, é intenso. Eu tinha seis anos de idade.' (Maryset, 17 de julho de 2021, Manaus, Brasil)

'La foto es sobre abuso sexual. Muchas mujeres guardan silencio al respecto. No decimos nada. A veces ni siquiera se lo contamos a nuestras propias parejas. Cuando era más joven, pasé por algo similar y, lamentablemente, no tuve apoyo. No olvidas algo así. Se queda contigo. Es un poco intenso. Yo tenía seis años de edad.' (Maryset, 17 de julio de 2021, Manaos, Brasil)

'Há muito mais que abuso' por Maryset. Julho de 2021.
Manaus, Brasil

*'Hay mucho más que abuso' por Maryset. Julio de 2021.
Manaos, Brasil*

'Minha foto se chama "O silêncio da vida" porque toda mulher em algum momento é abusada e maltratada por seu companheiro. E aguentamos praticamente tudo em silêncio para cuidar de nossa família e dos nossos filhos. A primeira foto mostra eu mesma refletindo sobre a minha vida, sobre todos os golpes que eu suportei para proteger minha família e seguir adiante, para dar aos meus filhos outro futuro.' (A Morena, 02 de outubro de 2021, Manaus, Brasil)

'Mi foto se llama "El silencio de la vida" porque toda mujer en algún momento es abusada y maltratada por su pareja. Y nos quedamos prácticamente en silencio y aguantamos todo por nuestra familia y nuestros hijos. La primera foto soy yo reflexionando sobre mi vida, sobre todos los golpes que he soportado para proteger a mi familia y seguir adelante para darles a mis hijos otro futuro.' (La Morena, 2 de octubre de 2021, Manaos, Brasil)

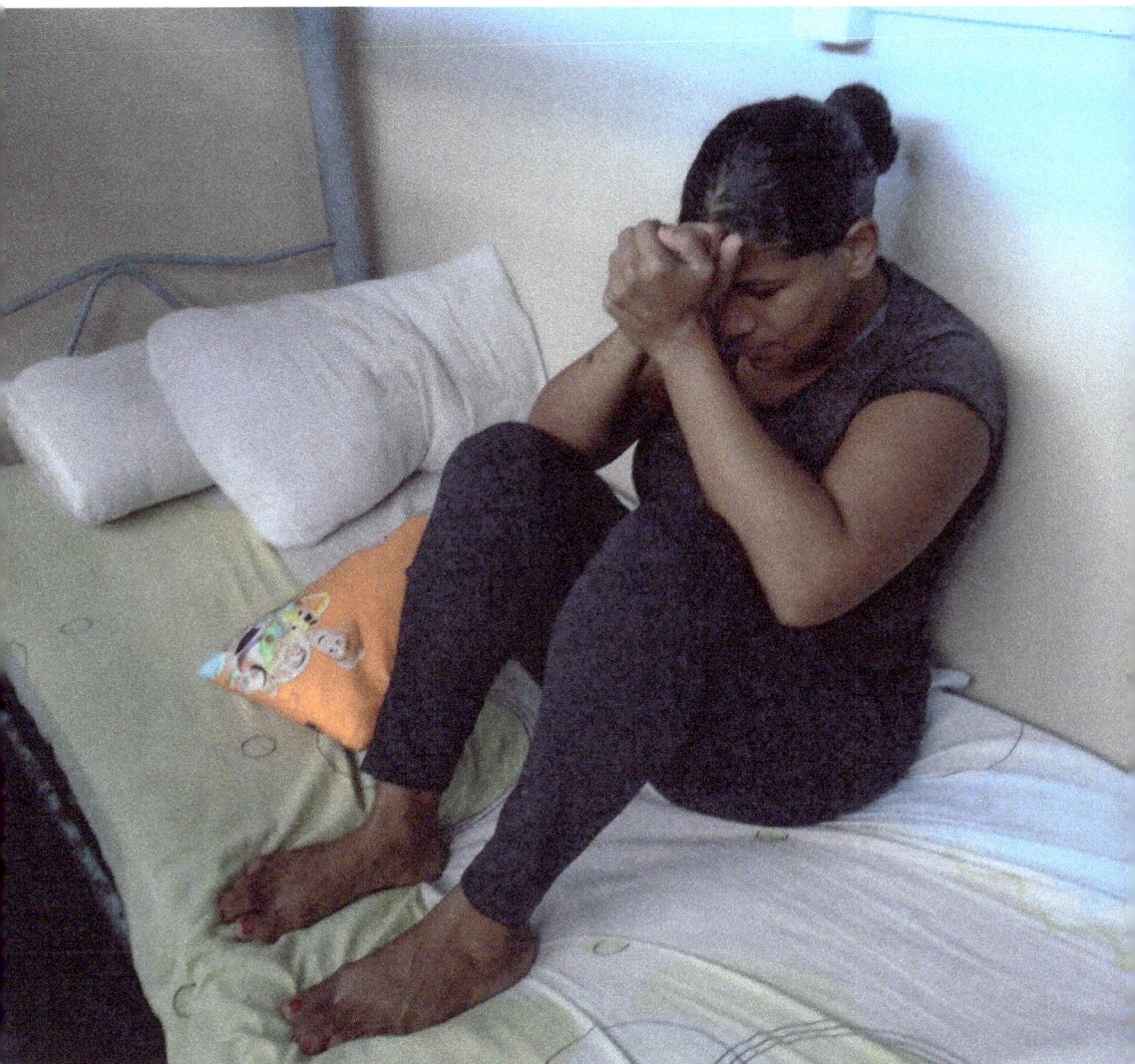

'O silêncio da vida I' por A Morena (pseudônimo). Outubro de 2021. Manaus, Brasil

'El silencio de la vida I' por La Morena (seudónimo). Octubre de 2021. Manaus, Brasil

'Os homens sempre pensam que você é propriedade deles, mas nós não somos. Inclusive, se passamos dois, três ou quatro anos sem receber nada deles, seguimos sendo sua propriedade. E eu experimentei isso. Fiquei longe durante três anos, mas ele ainda pensa que eu sou dele. Não me deixa ter outro companheiro. Diz que vai me matar. (A Morena, 02 de outubro de 2021, Manaus, Brasil)

'Los hombres siempre piensan que eres de su propiedad pero no lo somos. Incluso si hemos pasado dos, tres o cuatro años sin nada de ellos, seguimos siendo su propiedad. Y experimenté eso. He estado lejos de él durante tres años, pero él piensa que siempre he sido suya. No me deja tener otra pareja. Dice que me va a matar.' (La Morena, 2 de octubre de 2021, Manaos, Brasil)

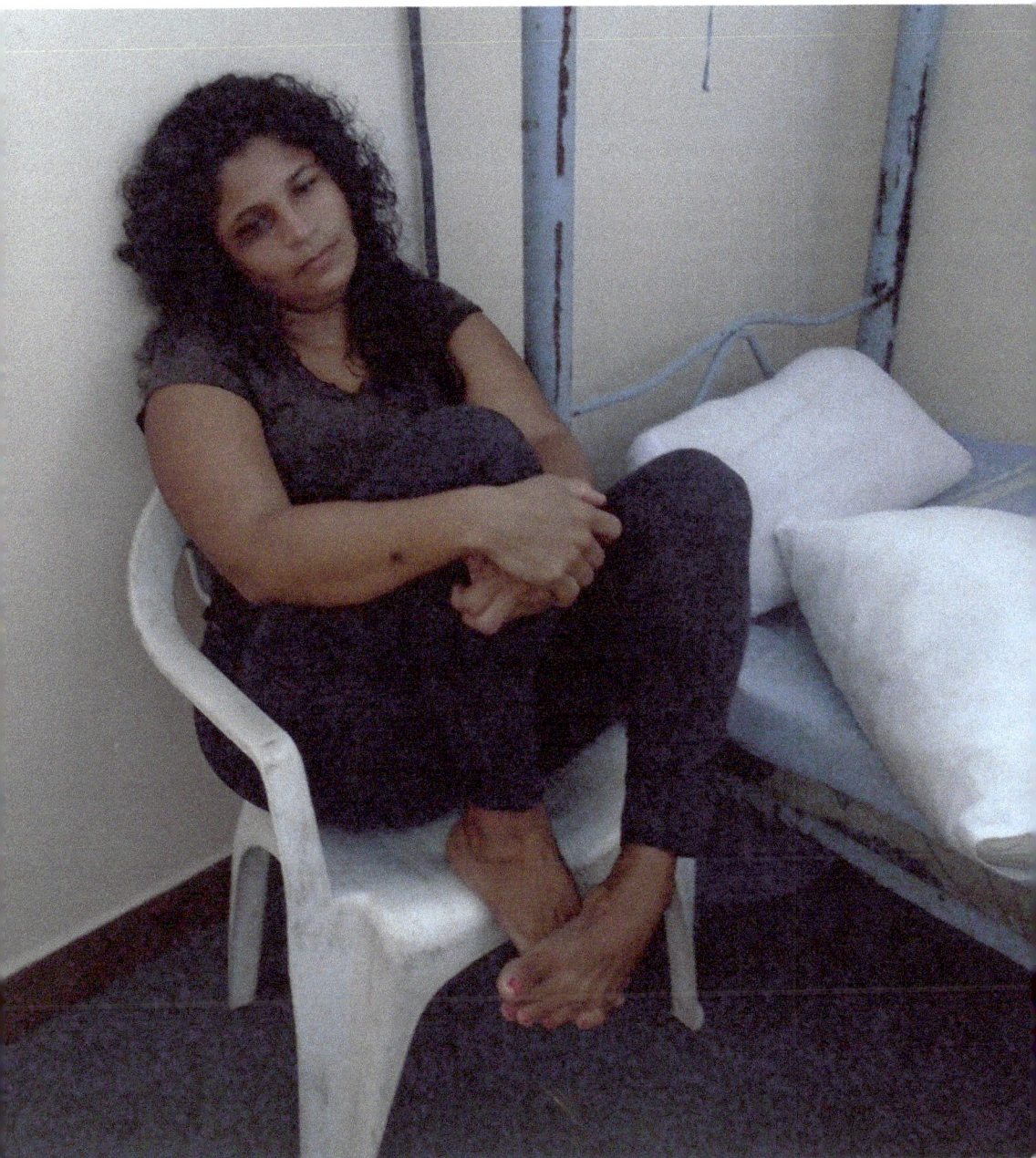

'O silêncio da vida II' por A Morena (pseudônimo). Outubro de 2021. Manaus, Brasil

'El silencio de la vida II' por La Morena (seudónimo). Octubre de 2021. Manaus, Brasil

'Bom, para mim, meu maior desafio foi quando eu vivi em Pacaraima. Minha mãe tinha um marido e tudo ia bem entre eles. Mas quando ela decidiu se separar, ele a ameaçou. Disse a ela que iria matá-la e coisas do tipo. Ela o deixou e por isso tivemos que voltar para a Venezuela. Meu irmão estava na Venezuela. Aproveitamos para fazer duas coisas de uma vez: fugir do ex-marido dela e buscar o meu irmão. Somente quando soubemos que o ex da minha mãe estava desaparecido, ou havia ido para outro lugar dentro do Brasil, pudemos voltar para cá. É por isso que nós pudemos regressar a este abrigo para começar nossas vidas de novo.' (Eolannis, 16 de outubro de 2021, Manaus, Brasil)

'Bueno, mi mayor desafío fue cuando vivía en Pacaraima. Mi madre tenía marido y le iba bien. Pero cuando ella decidió separarse de él, él la amenazó. Le dijo que la iba a matar y cosas así. Ella lo dejó y por eso en ese momento tuve que regresar a Venezuela. Mi hermano estaba en Venezuela. Aprovechamos para hacer dos cosas a la vez: huir de él y recoger a mi hermano. Solo cuando nos enteramos de que el ex de mi madre había desaparecido o se había adentrado más en Brasil, pudimos regresar aquí. Es por eso que pudimos regresar a este refugio para comenzar nuestras vidas de nuevo.' (Eolannis, 16 de octubre de 2021, Manaos, Brasil)

'Cara vemos, coração não sabemos' por Eolannis. Outubro de 2021. Manaus, Brasil

'Cara vemos, corazones no sabemos' por Eolannis. Octubre de 2021. Manaos, Brasil

'Como se pode ver na foto, trata-se do que eu passei. Eu suportei apanhar por seis anos. A segunda foto reflete como eu terminava sempre depois dos golpes: abraçando meus dois filhos. São as únicas coisas que eu tenho. A vida também me golpeou fortemente, porque em Boa Vista eu não tinha ninguém. Passei uns três dias vivendo na rua com meus filhos. Aqui no abrigo também fui abusada várias vezes. A última vez, não consegui suportar mais. Falei sobre isso e uma das outras mulheres do abrigo chamou o guarda de segurança e expulsaram o homem. As outras mulheres que me ajudaram. Me recordo – nunca esquecerei – que uma delas me disse: "Nenhuma mais"[3].' (Creio em Deus, 02 de outubro de 2021, Manaus, Brasil)

'As mulheres estão muito expostas na sociedade. Uma mulher solteira que se muda da casa de seu país a outro lugar sem dinheiro é frequentemente maltratada. Vi um caso em que a mulher era muito tímida, não falava com ninguém. Nunca consegui falar com ela. Ela apenas sorria e mendigava nas ruas. Ela tinha uma relação com um rapaz. Ele a abusou e depois a matou. Ninguém sabia como contatar os familiares dela. Não sei se ela tinha filhos ou se queria enviar suas coisas aos seus filhos. Não sei, porque todos viemos com um propósito. Isso é algo que me marcou.' (Yoselin, 17 de julho de 2021, Manaus, Brasil)

'*Como se puede ver en la foto, se trata de lo que he pasado. He estado soportando palizas durante seis años. La segunda foto refleja cómo termino siempre después de un golpe: abrazando a mis dos hijos. Son las únicas cosas que tengo. La vida también me ha golpeado fuerte porque en Boa Vista no tenía a nadie. Pasé unos tres días viviendo en la calle con mis hijos. Aquí en el refugio también fui abusada varias veces. La última vez, no pude soportarlo más. Hablé y una de las otras mujeres aquí del refugio llamó al guardia de seguridad y lo echaron. Las otras mujeres fueron las que me ayudaron. Recuerdo—nunca olvidaré—ue una de ellas me dijo, "Ni una más."'[3] (Creo En Dios, 2 de octubre de 2021, Manaos, Brasil)*

'*Las mujeres están muy expuestas en la sociedad. Una mujer soltera que se muda de su país a otro país sin dinero a menudo es maltratada. Vi un caso donde la mujer era muy tímida, no hablaba con nadie. Nunca pude hablar con ella. Ella solo sonreía y salía a mendigar por las calles. Tenía una relación con un chico. Ese tipo abusó de ella y finalmente la mató. Nadie sabía cómo ponerse en contacto con ninguno de sus familiares. No sé si tenía hijos o si esperaba llevar sus cosas a sus hijos. Todos tenemos esperanzas. Es algo que se ha quedado conmigo.* (Yoselin, 17 de julio de 2021, Manaos, Brasil)

'Mulher que ama seus filhos (Amor de Mãe)' por Creio em Deus (pseudônimo). Outubro de 2021. Manaus, Brasil

'Mujer que ama a sus hijos (Amor de Madre)' por Creo En Dios (seudónimo). Octubre de 2021. Manaos, Brasil

'Minha foto é sobre violência e abuso. Minha história é muito complicada. Aqui no Brasil sofri abusos, maus-tratos, muitas coisas. Uma vez meu ex-companheiro cortou meu cabelo, como você pode ver na minha foto. Ele abusava de mim o tempo todo. Queria que eu fosse submissa. Um dia eu o denunciei. Tive coragem de denunciá-lo! Por isso ele está preso e me sinto mais protegida. Estou aqui no Brasil para criar meus filhos. Muito embora eu tenha passado por essas coisas, me sinto uma mulher lutadora. Não necessito de nenhum homem para seguir adiante com meus filhos.' (Rosannys, 02 de outubro de 2021, Manaus, Brasil)

'Mi foto se trata sobre violencia y abuso. Mi historia es muy complicada. Aquí en Brasil sufrí abusos, maltratos, muchas cosas. Una vez mi expareja me cortó el cabello, como puedes ver en mi foto. Me violentaba todo el tiempo. Me quería sometida. Un día fui y lo denuncié. Tuve la valentía de denunciarlo. Por eso él está preso y me siento más protegida. Estoy aquí en Brasil para sacar adelante a mis hijos. A pesar de que pasé por todas esas cosas, me sentía como una mujer luchadora. No necesito a ningún hombre para poder seguir adelante con mis hijos.' (Rosannys, 2 de octubre de 2021, Manaos, Brasil)

'Abuso e maus-tratos' por Rosannys (pseudônimo).
Outubro de 2021. Manaus, Brasil

*'Abuso' por Rosannys (seudónimo). Octubre de 2021.
Manaos, Brasil*

A violência cometida por parceiros íntimos ocorre para muitas mulheres em todas as etapas migratórias: antes de migrar, durante o deslocamento, e após a chegada ao país de destino.

Muitas mulheres e adolescentes migrantes sofrem abuso sexual na infância, o que cria impactos a longo prazo nelas e em seus filhos. Falar sobre experiências de abuso não é fácil e pode causar mais dor e traumas para as mulheres migrantes. Para muitas, falar sobre o abuso doméstico que sofrem enquanto adultas é igualmente desafiador. Por esta razão, espaços seguros em que se sintam sistematicamente protegidas e para que possam denunciar situações de violência são essenciais.

Outra questão crucial é a falta de círculos e redes sociais de suporte para essas mulheres. Devido à migração, as redes sociais de mulheres ficam fraturadas, colocando sua segurança ainda mais em risco. Yoselin, uma das mulheres que aparecem neste livro, relembrou da experiência de feminicídio de uma mulher que ela conheceu em um abrigo, a qual não tinha quaisquer conexões familiares ou sociais no Brasil. Feminicídio é a expressão máxima de violência contra mulheres e, para as mulheres migrantes, a possibilidade de que isto ocorra é bastante real. Mulheres migrantes estão ainda mais vulneráveis porque elas não têm as redes de apoio ou os recursos que permitem que elas escapem de situações violentas nos países para os quais elas migraram. Por exemplo, uma mulher descreveu como ela se sentia presa num relacionamento fisicamente abusivo, devido à falta de amigos e família como apoio. Denunciar agressores e abandonar o relacionamento são em geral as coisas mais perigosas que as sobreviventes de violência doméstica podem fazer, colocando a si e a seus filhos em maior risco – no entanto, permanecer nesses relacionamentos e não denunciar também traz riscos. Outra mulher explicou: 'Nós não ousamos falar, devido à vergonha, por constrangimento.' A disponibilidade de espaços seguros em abrigos e outros locais de referência para migrantes é, portanto, vital nesses casos. Esses espaços possibilitam

La violencia de pareja ocurre para muchas mujeres en todas las etapas de la migración: antes de migrar, durante el tránsito y en las sociedades de acogida.

Muchas mujeres y niñas adolescentes migrantes experimentan abuso sexual en la infancia, lo que crea impactos a largo plazo en ellas y sus hijos. Hablar de experiencias de abuso no es fácil y puede causar aún más dolor y trauma a las mujeres migrantes. Para muchas, hablar sobre el abuso doméstico que sufren cuando son adultas es un desafío similar. Por ello, los espacios seguros para una adecuada y sistemática protección y denuncia son fundamentales.

Otro problema peligroso es la falta de apoyo de círculos sociales a las mujeres. Como resultado de la migración, las redes sociales de las mujeres se fracturan, lo que pone aún más en riesgo su seguridad. Creo en Dios (seudónimo), una de las mujeres que participa en este libro, recordó el feminicidio de una mujer que conoció en un albergue, que no tenía conexiones familiares ni red social en Brasil. El feminicidio es la máxima expresión de la violencia contra las mujeres y para las mujeres migrantes la posibilidad de que les suceda es muy real. Las migrantes son aún más vulnerables porque no cuentan con redes de apoyo ni recursos que les permitan escapar de situaciones de violencia en nuevos países. Por ejemplo, una mujer describió cómo se sentía atrapada en una relación físicamente abusiva debido a la falta de apoyo de amigos y familiares.

Reportar a los abusadores o alejarse de ellos es a menudo lo más peligroso que pueden hacer las sobrevivientes de violencia doméstica. Las pone a ellas y a sus hijos en gran riesgo, lo que les lleva a quedarse. Otra mujer explicó: 'No nos atrevemos [a hablar] por pena, por vergüenza'. La disponibilidad de espacios seguros en los albergues y lugares de referencia para las personas migrantes es vital en estas situaciones. Estos espacios pueden permitir a las mujeres salir de situaciones de peligro y denunciar, reconociendo su derecho a una vida libre de violencia. En el caso de Creo en Dios, fue solo cuando comenzó a crear una red con otras mujeres migrantes que se sintió más segura y capaz de pedir ayuda.

que mulheres deixem situações de perigo e as denunciem, ao mesmo tempo que as possibilitam reconhecer seu próprio direito a uma vida livre de violência. No caso de Creio Em Deus (pseudônimo), foi apenas depois que ela criou uma rede de contato com outras mulheres migrantes que ela se sentiu mais segura para pedir ajuda.

'Violência e abuso' por Briyis. Outubro de 2021. Manaus, Brasil

'Violencia y abuso' por Briyis. Octubre de 2021. Manaos, Brasil

Violência estrutural

'Minha foto é sobre a minha própria história. Para mim foi terrível. No caminho para cá, sobrou pouco dinheiro. [Os *trocheros*] levaram tudo que nós tínhamos. Eles iriam nos matar se nós não déssemos mais dinheiro. Nos ameaçaram dizendo que se a Polícia Federal aparecesse, nos deportariam. Nos deixaram no meio do deserto para que a Polícia Federal nos visse e nos pegasse.' (Laura Paussini, 02 de outubro de 2021, Manaus, Brasil)

'[Viajar em *trochas*] era muito arriscado. Nessas *trochas* havia delinquentes que abusavam, maltratavam e até mesmo violavam mulheres. Roubavam os homens; matavam homens e chefes de família se eles não pagassem. Os roubavam, matavam e jogavam seus corpos no rio. Muitas vezes tivemos que enfrentar a Polícia Federal. Uma vez a Polícia Federal tirou meus dois filhos e meu companheiro de mim. Eles jogaram bombas de gás lacrimogêneo em nós e disseram: "Você sabe que eles são ilegais! Você é ilegal".' (Yuritza, 02 de outubro de 2021, Manaus, Brasil)

'Mi foto es sobre mi propia historia. Para mí fue terrible. De camino aquí, nos quedaba poco dinero. [Los trocheros] se llevaron todo lo que teníamos. Nos iban a matar si no les dábamos dinero. Nos amenazaron diciendo que si venía la policía federal nos deportarían. Nos dejaron en medio del desierto para que nos atrapara la policía federal.' (Laura Paussini, 2 de octubre de 2021, Manaos, Brasil)

'[Viajar en trochas] era muy arriesgado. En esas trochas había delincuentes que abusaban, maltrataban y hasta violaban a las mujeres. Robaron a los hombres. Mataban hombres y cabezas de familia si no pagaban. Los robaron, los mataron y arrojaron sus cuerpos al río. Muchas veces tuvimos que enfrentarnos a la policía federal. Una vez la policía federal me quitó a mis dos niños y a mi pareja. Me tiraron bombas lacrimógenas y me dijeron: "¡Você sabe que son ilegales! Usted es ilegal."' (Yuritza, 2 de octubre de 2021, Manaos, Brasil)

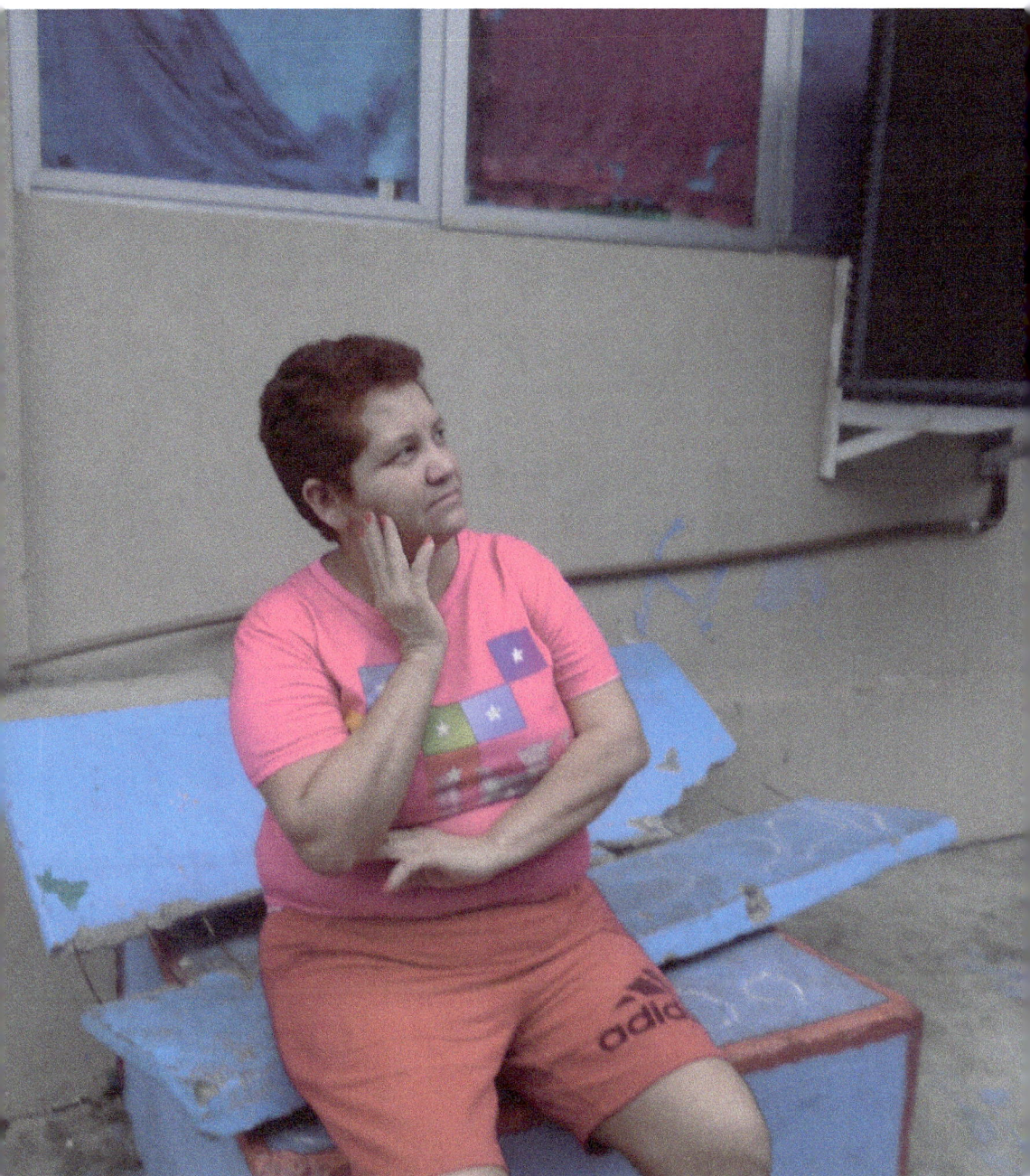

'Uma memoria amarga' por Laura Paussini (pseudônimo).
Outubro de 2021. Manaus, Brasil

'Un recuerdo amargo' por Laura Paussini (seudónimo).
Octubre de 2021. Manaos, Brasil

'Um dia ele tomou a decisão, mesmo com a fronteira fechada. Disse à sua esposa "venha [para o Brasil] que este é o momento". E ela veio caminhando não sei por quantos quilômetros, chorou como uma criança, como ela mesma disse, por seus filhos, pelo cansaço da caminhada, até que tiveram que passar pela *trocha* à noite. A situação era de que a fronteira do Brasil estava muito militarizada e tiveram então que passar à noite. Ela conta que tiveram que correr porque chegou um momento em que ela ia entrar em um carro que supostamente iria trazê-la para Boa Vista, mas aí, justamente naquela hora, chegou a Polícia Federal. E depois disso, não encontrava seu filho, não sabia onde ele estava. Foi um momento de desespero, mas agora estão todos juntos novamente. E, no planejamento familiar, após seis meses que ela chegou, está grávida de cinco meses. Planejaram outra criatura que está vindo e isso retrata a minha primeira foto.' (Yumariellis, 17 de julho de 2021, Manaus, Brasil)

'Corri com meus filhos pela *trocha* porque os guardas nos viram. Tinha medo que os guardas tirassem meus filhos de mim. Meus filhos estavam assustados.' (A Pisciana Mais Bela, 02 de outubro de 2021, Manaus, Brasil)

'*Un día él tomó la decisión, mismo con la frontera cerrada. Le dijo a su esposa "vente que éste es el momento" y ella se vino, caminó no sé cuantas cuadras. Lloró como una niña, como ella misma lo dice, por sus hijos, porque caminaban tanto. Tuvieron que pasar trocha de noche, porque cuando ellos pasaron ya estuvo militarizada la frontera de Brasil. Ella cuenta que llegó un momento en que tuvieron que correr porque ella se iba a montar en el carro que la estaba supuestamente esperando para traerla para Boa Vista y llegó justamente la policía federal, pero dice que no encontraba el niño, no sabía dónde estaba. Fue un momento de desesperación. Pero ahorita están unidos y en su planificación. Ella tiene ahorita seis meses desde que llegó y tiene cinco meses de embarazo. Planificaron otra criatura que viene en camino y eso es lo que muestra mi primera foto.*' (Yumariellis, 17 de julio de 2021, Manaos, Brazil)

'*Corrí con mis hijos por la trocha porque los guardias nos miraban. Tenía miedo de que los guardias me quitaran a mis hijos. Mis hijos estaban asustados.*' (La Pisciana Más Bella, 2 de octubre de 2021, Manaos, Brazil)

'Formando uma família' por Yumarielis. Julho de 2021. Manaus, Brasil

'Formación familiar' por Yumarielis. Julio de 2021. Manaos, Brasil

'Para mim, a migração representa o desafio de ser julgada. Podem te julgar por ser mãe solteira, por criar seu filho sozinha. As pessoas vão julgar [as mulheres migrantes] sem conhecer sua história. Para mim isso representa a migração: ser julgada sem que conheçam seus sentimentos, sem que conheçam a sua situação.' (Sheylimar, 17 de julho de 2021, Manaus, Brasil)

'Para mí la migración representa el desafío de ser juzgada. Te pueden juzgar por ser madre soltera, por criar sola a tu hijo. La gente va a juzgar [a las mujeres migrantes] sin conocer su historia. Para mí la migración representa eso: ser juzgada sin que consideren tus sentimientos, sin que conozcan tu situación.' (Sheylimar, 17 de julio de 2021, Manaos, Brasil)

'Sem título' por Yennimar. Julho de 2021. Manaus, Brazil

'Sin título' por Yennimar. Julio de 2021. Manaos, Brasil

Como as mulheres neste livro explicam, a violência de gênero ocorre no âmbito das relações familiares e com seus parceiros íntimos, nas ruas e nas comunidades, nos ambientes de trabalho, e também em abrigos. Danos físicos, sexuais e psicológicos diretos são repetidamente identificados pelas participantes como um desafio urgente. Mas também há evidência de um tipo de violência estrutural indireta que se manifesta através de uma violência racista e de gênero, presente nos espaços fronteiriços e no âmbito dos sistemas de proteção no Brasil.

Migrar de maneira irregular expõe mulheres a uma multiplicidade de violências, diretas ou indiretas, incluindo violência sexual e ameaças à sua vida. As *trochas*, por exemplo, são rotas migratórias irregulares que demandam que as mulheres percorram caminhos alternativos e não urbanizados, ou ainda por territórios montanhosos, ou tomados por floresta. Mulheres são alvos de grupos armados e criminosos quando elas viajam utilizando as *trochas*. Migrar pelas *trochas*, e utilizando os *trocheros* não somente faz com que as jornadas sejam mais longas e perigosas, mas também significa que as migrantes ficam sujeitas a determinações arbitrárias da parte de seus contrabandistas, os quais frequentemente demandam mais dinheiro à medida que caminham, ou ainda requerem sexo das mulheres migrantes. Condições socioeconômicas precárias fazem com que essas mulheres migrantes sejam, portanto, ainda mais vulneráveis à violência durante o trânsito migratório.

No entanto, rotas regulares não necessariamente garantem segurança para essas migrantes. Violência nas fronteiras – a ameaça do retorno forçado ou violência direta cometidas por forças de segurança presentes nessas regiões fronteiriças – é outra manifestação de algumas das relações de poder que afetam o acesso a direitos e à dignidade das mulheres e adolescentes migrantes.

Fronteiras são locais violentos, em que pode ocorrer separação familiar forçada,

Como explican las mujeres en este libro, la violencia de género ocurre dentro de las relaciones íntimas y familiares, en las calles y los barrios, en los entornos laborales y también, incluso, en los albergues. Las participantes identifican repetidamente el daño físico, sexual y psicológico directo como un desafío urgente. Pero aquí también hay evidencia de violencia estructural indirecta expresada a través de la nociva violencia racista y de género en las fronteras y dentro de los sistemas de protección en Brasil.

Viajar de forma irregular expone a las mujeres a una red de violencia directa e indirecta, incluida la violencia sexual y las amenazas contra su vida. Las mujeres son blanco de grupos armados y criminales cuando viajan por trochas, rutas migratorias irregulares que requieren caminar por caminos alternativos, no urbanizados, o a través de la selva y la montaña. Viajar por esas vías y usar trocheros (traficantes de migrantes) no solo hace que los viajes sean largos y peligrosos, también significa que las personas migrantes están sujetas a pronunciamientos arbitrarios de los traficantes que a menudo exigen más pago a medida que avanzan, o incluso sexo. Las condiciones socioeconómicas precarias hacen que los migrantes sean aún más vulnerables a la violencia durante el tránsito.

Sin embargo, las rutas regulares tampoco garantizan la seguridad de las migrantes. La violencia fronteriza —la amenaza del retorno forzado o la violencia directa a manos de oficiales de frontera— es otra manifestación de algunas de las relaciones de poder que afectan los derechos y la dignidad de las mujeres y niñas migrantes.

Las fronteras también son lugares violentos de separación familiar, a veces como resultado del control fronterizo del país al que las mujeres quieren llegar para buscar protección. Aunque las niñas y las mujeres corren el riesgo particular de la trata, la militarización de las fronteras prioriza en gran medida la seguridad nacional

por vezes como consequência do controle de fronteira por parte das autoridades do país de destino onde essas mesmas mulheres buscam proteção. Muito embora mulheres e crianças tenham maior risco de serem vítimas de tráfico, a militarização das fronteiras prioriza a segurança nacional frente à garantia de segurança das pessoas em deslocamento. Migrantes são concebidos como ameaças, e são nessas situações expostos a diversos riscos e ficam, essencialmente, sem direitos.

A pandemia de COVID-19 e o subsequente fechamento das fronteiras aumentou os riscos de violência, desapropriação, e indignidade sofridos por mulheres e adolescentes migrantes. No entanto, longe de serem dissuadidas de migrar, essas mulheres continuaram suas jornadas devido às suas necessidades e à falta de recursos correspondentes em seu país de origem.

Violência também é expressa contra migrantes, especialmente mulheres migrantes, quando elas são estereotipadas e discriminadas nas sociedades de acolhida. Essas formas de violência são vivenciadas de maneira distinta por mulheres migrantes, dependendo de suas diferentes características interseccionais, e, igualmente, podem ser prejudiciais em diferentes níveis considerando essas mesmas características. Para que as políticas migratórias melhorem as vidas de mulheres migrantes, elas não devem estar apenas focadas nas próprias mulheres, mas também devem buscar quebrar ciclos de estigma e aumentar sensibilidade e solidariedade no seio das comunidades de acolhida.

sobre la seguridad de los migrantes entrantes. Se los percibe como amenazas, dejándolos expuestos a riesgos y prácticamente sin derechos.

El brote de COVID-19 y el posterior cierre de fronteras aumentaron el riesgo de violencia, despojo e indignidad que sufren las mujeres y niñas migrantes. Sin embargo, lejos de verse disuadidas de migrar, estas mujeres continuaron su viaje debido a sus necesidades y la falta de los recursos correspondientes en su país de origen.

La violencia también se expresa contra los migrantes, especialmente las mujeres, cuando son estereotipadas, prejuiciadas y discriminadas en sociedades de acogida. Las mujeres migrantes experimentan estas formas de violencia de manera diferente dependiendo de sus características interseccionales y pueden ser dañinas a muchos niveles. Para que las políticas migratorias mejoren la vida de las mujeres migrantes, no solo deben centrarse en las propias migrantes, también deben estar dirigidas a combatir estigmas y aumentar la solidaridad y la sensibilidad en las sociedades de acogida.

Violência interseccional

Violencia interseccional

'Aqui, as adolescentes são vulneráveis. Eu já recebi propostas para minha filha. Uma vez, uns homens ricos, em seus carros grandes, me viram sair para fazer compras. Gritaram para mim e me disseram: "Escuta, linda, você tem uma filha muito linda". Se aproveitaram de nós dizendo coisas como: "Não é verdade que você é venezuelana? Que não tem documentação? Posso te ajudar com tudo". Me prometeram tudo e eu disse que não. Minha filha ficou muito assustada. Ela dizia: "Mamãe, tenho medo", e eu lhe dizia: "Estou aqui. Sou sua mãe e sempre vou cuidar de você". Bem, aqui estamos lutando, lutando por uma nova integração social, e essa é a razão [por trás dessas fotos]'. (Yuritza, 02 de outubro de 2021, Manaus, Brasil)

'Aquí, las adolescentes son vulnerables. He recibido propuestas para mi hija. Una vez, unos hombres ricos en sus grandes autos me vieron salir de compras. Me gritaron y me dijeron: "Oye hermosa, tienes una hija muy linda". Se aprovechaban diciendo cosas como: "¿No es verdad que eres venezolana? ¿Que no tienes documentación? Puedo ayudarte con todo." Me prometieron todo y dije que no. Mi hija estaba muy asustada. Ella decía: "Mamá, tengo miedo", y yo decía: "Aquí estoy. Soy tu madre y siempre te cuidaré". Bueno, aquí estamos luchando, estamos luchando por una nueva integración social y esa es la razón [detrás de estas fotos]'. (Yuritza, 2 de octubre de 2021, Manaos, Brasil)

'Nova integração
social' por Yuritza.
Outubro de 2021.
Manaus, Brasil

*'Nueva integración
social' por Yuritza.
Octubre de 2021.
Manaos, Brasil*

'Meus filhos ficavam com minha filha enquanto eu pedia esmola. Sim, eu saía sozinha. Sim, porque as pessoas me diziam que não saísse com meus filhos porque se o Conselho Tutelar visse as crianças na rua, iriam tirar eles de mim, iriam levá-los embora. Então eu saía sozinha.' (Alicia, 15 de agosto de 2021, Manaus, Brasil)

'Mis hijos se quedaron con mi hija mientras pedía limosna. Sí, yo salía sola. Sí, porque la gente me estaba diciendo que no salgas con los niños porque el Consejo Tutelar, si ve a los niños en la calle, te los va a quitar, se los va a llevar. Entonces yo salí sola.' (Alicia, 15 de agosto de 2021, Manaos, Brasil)

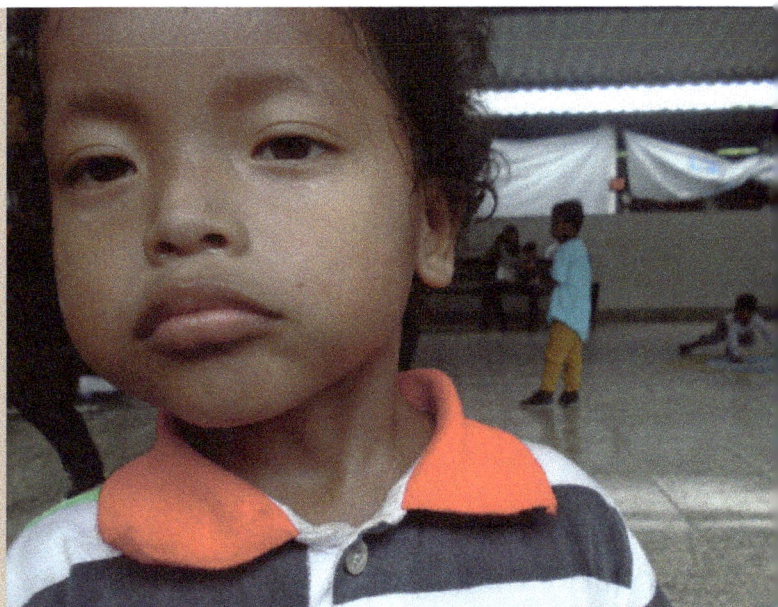

'Sem título' por
Dolores. Agosto
de 2021. Manaus,
Brasil

'Sin título'
por Dolores.
Agosto de 2021.
Manaos, Brasil

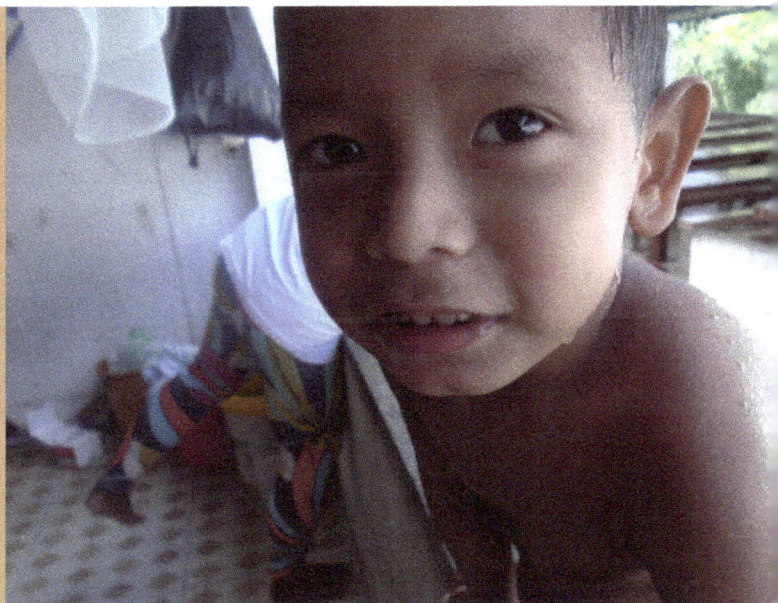

'Sem título' por
Maritza. Agosto
de 2021. Manaus,
Brasil

'Sin título'
por Maritza.
Agosto de 2021.
Manaos, Brasil

Mulheres, pessoas LGBTTQIA+[4] e trabalhadoras sexuais migrantes enfrentam níveis particularmente elevados de discriminação e violência baseada em gênero na fronteira, no trânsito e nos países de destino (UNFPA, 2016). Algumas das histórias neste livro destacam, particularmente, a crescente discriminação que as mulheres indígenas migrantes enfrentam. As jornadas migratórias das mulheres Warao, por exemplo, são moldadas pela perseguição e violência colonialista estatal e pela violência perpetuada contra elas devido à sua identidade indígena.

A migração está, em geral, cada vez mais feminizada: maiores números de mulheres migram, enquanto homens permanecem em suas comunidades de origem. Muitas mulheres aqui apresentadas explicaram que sua motivação para migrar estava principalmente relacionada à falta de alimentos, remédios e devido às difíceis condições de vida na Venezuela. Para as mulheres indígenas Warao, essas más condições de vida estão diretamente relacionadas à erosão de suas terras por meio de projetos de desenvolvimento em larga escala, que deslocam à força as comunidades locais, isolando-as geograficamente de instalações médicas de qualidade e tornando ainda mais difícil seus modos tradicionais de vida. No entanto, ao chegar ao Brasil, como demonstrado por seus depoimentos, mulheres indígenas encaram barreiras específicas para encontrar trabalho formal e adequado, devido aos seus baixos níveis educacionais em comparação a homens migrantes e às mulheres migrantes não-indígenas, dentre outros fatores (ACNUR, 2021). Sem acesso a trabalho formal, algumas mulheres indígenas migrantes são forçadas a ganhar a vida mendigando ou vendendo artesanato na rua, muitas vezes com seus filhos a tiracolo. Conforme discutido no capítulo anterior, no caso das mulheres Warao, as ruas as expõem a um perigo ainda maior: não só em relação à precariedade social e econômica, mas também porque correm o risco de terem seus filhos separados das famílias pelas autoridades locais. As mulheres migrantes Warao, que mendigam ou vendem

Las mujeres, las personas migrantes LGBTQIA+[4] y los trabajadores y trabajadoras sexuales migrantes enfrentan niveles particularmente altos de discriminación y violencia de género en la frontera, en tránsito y en los asentamientos (UNFPA, 2016). Algunas de las historias de este libro destacan, en particular, la creciente discriminación a la que se enfrentan las mujeres indígenas migrantes. Las experiencias migratorias de las mujeres Warao, por ejemplo, están determinadas por la persecución y la violencia colonialista dirigida por el Estado contra ellas debido a su identidad indígena.

La migración, en general, se está feminizando: cada vez más mujeres migran mientras los hombres permanecen en sus comunidades de origen. Muchas mujeres que participaron en este libro explicaron que su motivación para migrar estaba relacionada a la falta de alimentos, medicinas y otras condiciones de vida difíciles en Venezuela. Para las mujeres indígenas Warao, estas malas condiciones de vida están directamente relacionadas con el despojo de sus tierras a través de proyectos de desarrollo a gran escala que desplazan por la fuerza a las comunidades locales, las aíslan geográficamente de lugares donde se ofrecen servicios médicos y hacen cada vez más difícil vivir de forma tradicional. Sin embargo, al llegar a Brasil, como vemos en los testimonios, las mujeres enfrentan barreras específicas para encontrar un trabajo formal y decente debido a los bajos niveles de educación en comparación con los hombres migrantes o las mujeres no indígenas, entre otros factores (ACNUR, 2021).

Sin un trabajo formal, algunas mujeres migrantes se ven obligadas a ganarse la vida mendigando o vendiendo artesanías en la calle, a menudo con sus hijos a cuestas. Como se señaló en el capítulo anterior, en el caso de las mujeres Warao, las calles las exponen a un peligro mayor: no solo enfrentan un panorama social y económico precario, sino también el riesgo de que les quiten a sus hijos. Es probable que las autoridades locales sancionen a las mujeres migrantes Warao que mendigan o venden en la calle. El Consejo Tutelar, los servicios

nas ruas com a presença de seus filhos, podem ser penalizadas pelas autoridades locais, especificamente o Conselho Tutelar, que é o serviço de proteção à criança no Brasil, o qual pode remover crianças para sua 'proteção social' (ACNUR, 2021). A remoção forçada de crianças migrantes indígenas de seus pais por autoridades é uma prática racista bem documentada e um exemplo inaceitável de violência institucional contra pessoas indígenas. Mulheres não indígenas que trouxeram seus filhos, e que reportaram levá-los aos seus locais de trabalho informal na rua, não disseram ter o mesmo medo de que seus filhos fossem levados embora. No entanto, elas reportaram sentir ansiedade, vergonha, e temiam ser julgadas como mães ruins por terem seus filhos consigo nas ruas.

Qualquer solução que busque combater a violência contra mulheres migrantes deve considerar também a idade das vítimas. As meninas migrantes carecem de controle e autonomia para poder escapar com segurança das situações de violência familiar e dos riscos aos quais estão expostas. Algumas das adolescentes apresentadas neste livro falaram sobre como a violência provocou seu desejo de voltar a viver sob os cuidados de outros familiares adultos na Venezuela, mas se sentiram incapazes de fazê-lo. Entretanto, algumas das adolescentes também se preocupavam com a possibilidade de terem que retornar ao seu país de origem e, ao fazê-lo, voltarem a viver ao alcance de seus agressores, dos quais haviam inicialmente fugido. O sentimento de isolamento e desamparo diante da violência eram claros.

Crianças e adolescentes que vivem em ambientes onde ocorre violência doméstica, e que são incapazes de escapar com segurança dessas situações, manifestam trauma e, em alguns casos, lesões físicas e psicológicas. Adolescentes são mais vulneráveis a práticas de risco para escapar de violência em casa e são particularmente vulneráveis à gravidez precoce, coabitação, e casamento forçados. Crianças que crescem como testemunhas de abuso doméstico são mais propensas a ficarem presas em

de protección infantil de Brasil, puede retirar a niños y niñas como una cuestión de 'protección social' (ACNUR, 2021). La separación de niños y niñas indígenas de sus madres por parte de las autoridades es una práctica racista bien documentada y un ejemplo inaceptable de violencia institucional contra los pueblos indígenas. Las mujeres no indígenas que traían a sus hijos con ellas a trabajar vendiendo mercancías en las calles no expresaron el mismo temor de que les quitaran a sus hijos. Sin embargo, sí sentían ansiedad, vergüenza y miedo de ser juzgadas como malas madres por tener a sus hijos con ellas.

Cualquier solución para abordar la violencia también debe considerar la edad de las víctimas. Las niñas migrantes carecen de control y autonomía para poder escapar con seguridad de situaciones de violencia familiar y los riesgos a los que las expone. Algunas de las adolescentes que participaron en este libro hablaron de cómo la violencia provocó su deseo de volver a Venezuela y vivir al cuidado de otros familiares adultos que se quedaron allí, pero que eran incapaces de hacerlo. Otras, sin embargo, manifestaron preocupación por tener que regresar a su país de origen y vivir al alcance de sus abusadores. Sus sentimientos de aislamiento e impotencia frente a la violencia eran claros.

Las niñas y adolescentes que viven en hogares donde se produce violencia doméstica y que no pueden escapar de manera segura de estas situaciones experimentan traumas, y en algunos casos, lesiones físicas y psicológicas. Las adolescentes son más vulnerables a prácticas arriesgadas para escapar de la violencia en el hogar y son particularmente vulnerables al embarazo precoz, la convivencia y el matrimonio forzado. Las niñas que crecen siendo testigos de abuso doméstico tienen más probabilidades de quedarse atrapadas en relaciones violentas, lo que aumenta los factores de riesgo asociados con el inicio de estas relaciones sexuales tempranas. Las adolescentes son casi impotentes a la hora de escapar con seguridad del

relacionamentos violentos, aumentando, portanto, os fatores de risco associados ao início desses relacionamentos precoces. As adolescentes são quase impotentes para escapar com segurança do abuso, violência e instabilidade que vivenciam, especialmente nos casos em que estão isoladas de sua família não imediata. Isso as coloca em risco de lesões físicas, sexuais e psicológicas que surgem de forma rápida e duradoura, dentre outros problemas de saúde.

Finalmente, mulheres e adolescentes migrantes com más condições socioeconômicas, status migratório irregular ou precário, e com a necessidade de apoiar suas famílias, são mais vulneráveis à exploração laboral, especialmente considerando a sexualização, assédio e abuso no ambiente de trabalho.

Reparar violência de gênero

Embora os marcos normativos, as políticas e os serviços para migrantes no Brasil sejam em geral reconhecidos como 'progressistas', 'abertos' e 'baseados em direitos humanos' (Brumat e Finn, 2021; Zapata e Wenderoth, 2021; Hammoud-Gallego e Freier, 2022), ainda há persistentes lacunas presentes na política e práticas migratórias que continuam a colocar mulheres migrantes em risco. Para alcançar a proteção integral das mulheres e meninas migrantes venezuelanas e para salvaguardar seus direitos de viver uma vida livre de violência, devemos enfrentar as formas de violência direta e estrutural que produzem condições inseguras, danos e indignidade para mulheres e meninas migrantes. Qualquer solução sustentável e preventiva para combater a violência de gênero exigirá um maior acesso a recursos.

Algumas mulheres e adolescentes migrantes têm dificuldades de encontrar espaços para falar sobre questões relacionadas às experiências de violência, onde também possam obter apoio para lidar

abuso, la violencia y la inestabilidad que experimentan, especialmente en los casos donde están aisladas de su familia. Esto les pone en riesgo de sufrir lesiones físicas, sexuales y psicológicas inmediatas y duraderas, así como problemas de salud.

Finalmente, las mujeres y adolescentes migrantes con malas condiciones socioeconómicas, estatus legal frágil o irregular y con la necesidad de mantener a sus familias son más vulnerables a la explotación laboral, especialmente a la sexualización, el acoso y el abuso en el entorno laboral.

Reparar la violencia de género

Aunque en general, en Brasil, los marcos normativos y los servicios para migrantes se consideran 'progresistas', 'abiertos' y 'basados en los derechos humanos' (Brumat y Finn, 2021; Zapata y Wenderoth, 2021; Hammoud-Gallego y Freier, 2022), las brechas persistentes entre la política y la práctica siguen poniendo en riesgo a las mujeres y niñas migrantes. Para la protección integral de las mujeres y niñas migrantes venezolanas y la salvaguarda de sus derechos a vivir una vida libre de violencia, debemos enfrentar las formas de violencia directa y estructural que generan condiciones de inseguridad, daños e indignidad para ellas. Cualquier solución preventiva sostenible para abordar la violencia de género requerirá un mayor acceso a recursos.

Algunas mujeres y niñas migrantes luchan por encontrar espacios para hablar sobre problemas o apoyo para hacer frente a la violencia de género, a veces persistente. Las políticas deben empoderar a las mujeres y niñas que sienten que no pueden hablar sobre sus experiencias. Como explicó una mujer migrante, 'tan pronto como rompes la barrera y pierdes el miedo a enfrentar tu realidad, lo que experimentaste, esto ayuda a otras mujeres. No necesitamos

com a – às vezes duradoura – violência baseada em gênero. As políticas públicas devem, portanto, empoderar mulheres e adolescentes migrantes que sentem que não podem falar sobre suas experiências. Como uma das participantes explicou: 'No momento em que você quebra a barreira do medo de falar, ao enfrentar a realidade, a sua realidade e o que você viveu, [falar] é uma ajuda a outras mulheres, [demonstra que] não devemos ter medo; temos que falar.' (Yuritza, 02 de outubro de 2021).

Lugares seguros para realizar denúncias e onde encontrem proteção adequada e sistemática são essenciais. Mulheres e adolescentes devem ter acesso a suporte emocional e psicológico de profissionais treinados em trauma e violência baseada no gênero, com enfoque particular em migrantes lidando com essas situações em ambientes pouco familiares. Esse apoio deve tratar as experiências de abuso e assédio como violência de gênero que essas mulheres e adolescentes sofreram ao longo de suas vidas, bem como o abuso sofrido devido ao deslocamento migratório. Assim, terão o auxílio adequado para que possam lidar com seus traumas, e seguir em frente com suas vidas, além de apoiá-las para resistir a outras violências no país de destino.

Além disso, as autoridades devem proteger as mulheres migrantes de violência, levando-as a sério, punindo agressores, e assegurando-se de que mulheres e adolescentes estarão seguras da violência continuada e retaliatória a que, por vezes, são submetidas. Políticas públicas específicas, serviços de proteção, e mecanismos de denúncia são, portanto, necessários. Condições e recursos que promovam empoderamento dessas migrantes devem estar disponíveis a mulheres e adolescentes migrantes como mecanismo preventivo para evitar o crescimento da violência de gênero e para que elas possam saber melhor reconhecer violência de gênero e controle coercitivo em seu cotidiano. Programas de proteção devem prover ainda condições que apoiem mulheres e adolescentes migrantes no

tener miedo. Tenemos que hablar.' (Yuriza, 2 de octubre de 2021)

También son esenciales espacios seguros para la protección y la denuncia adecuada y sistemática. Las mujeres y las niñas deben tener acceso al apoyo psicológico y emocional de profesionales capacitados en trauma y violencia de género, con un enfoque particular en migrantes que enfrentan estas situaciones en lugares desconocidos. Ese apoyo debe tratar las experiencias de abuso de género, de violencia y de acoso que han sufrido a lo largo de sus vidas y el abuso que han padecido debido al desplazamiento con objeto de abordar su trauma y ayudarlas a seguir adelante con sus vidas y a resistir la violencia en el futuro, en el nuevo país.

Además, las autoridades deben proteger a las mujeres migrantes de la violencia tomándolas en serio, castigando a los abusadores y asegurando que las mujeres y las adolescentes estén a salvo de mas violencia o represalias. Se necesitan políticas, servicios de protección y mecanismos de denuncia específicos. Las condiciones y recursos que faciliten el empoderamiento deben estar disponibles para las mujeres y adolescentes migrantes como medida preventiva para frenar la escalada de violencia en su contra y apoyarlas en el reconocimiento de la violencia de género y el control coercitivo. Los programas de protección deben proporcionar condiciones que apoyen la capacidad de las mujeres y las niñas para moldear, elegir y planificar sus vidas en lugares de asentamiento, libres de violencia.

De la misma manera, las políticas también deben desafiar el comportamiento depredador hacia mujeres y niñas que resulta de la discriminación y la cosificación sexual. A nivel social e institucional, las medidas de género que son culturalmente sensibles deben promover la dignidad y la posición social de las mujeres y niñas migrantes en la sociedad. Debe haber políticas específicas que fomenten prácticas inclusivas y respetuosas para romper los ciclos de estigma contra las mujeres

que tange à sua capacidade de escolher e planejar suas próprias vidas nos países de destino, e livres de violência.

De maneira semelhante, as políticas públicas devem combater comportamentos predatórios contra mulheres e adolescentes migrantes, tais como discriminação e objetificação sexual. Nos níveis social e institucional, medidas sensíveis às questões culturais e de gênero devem promover a dignidade das mulheres e adolescentes migrantes na sociedade de acolhida. Políticas específicas devem ser criadas para encorajar práticas inclusivas e de respeito para com as mulheres e adolescentes migrantes, a fim de quebrar ciclos de estigma, reduzir violência física e psicológica interpessoal, e promover a solidariedade e sensibilização da sociedade local com as pessoas migrantes, mas particularmente com mulheres migrantes.

A proteção institucional de mulheres e adolescentes migrantes deve ser sensível às questões de gênero e considerar especificamente a realidade dessas mulheres. Mulheres migrantes mais jovens, por exemplo, devem estar no centro de mecanismos de proteção contra tráfico e exploração laboral, bem como assédio, exploração sexual e abuso, considerando sua maior vulnerabilidade as redes criminosas e empregadores exploradores. As políticas públicas também devem ser sensíveis a questões culturais, a fim de respeitar as tradições de migrantes indígenas e proteger seu bem-estar.

Um espaço fronteiriço seguro deve estar centralizado na proteção dos direitos humanos das mulheres e adolescentes migrantes, não apenas na segurança nacional. Caminhos de cruzamento da fronteira devem ser, portanto, regulares, para que as mulheres possam percorrê-los de maneira segura e possam solicitar proteção internacional uma vez tendo cruzado o espaço transfronteiriço. Treinar agentes de fronteira no que se refere às questões específicas de gênero permitiria que eles pudessem identificar mais efetivamente as mulheres em risco, podendo, assim,

migrantes, disminuir la violencia interpersonal física y psicológica, y aumentar la solidaridad y la sensibilidad de la sociedad local con las personas migrantes y en particular, las mujeres.

La protección institucional de las mujeres y niñas migrantes debe ser de género y específica a sus realidades. Las migrantes más jóvenes, por ejemplo, deberían estar en el centro de los esquemas de protección contra la explotación laboral y la trata, y el consiguiente acoso, explotación y abuso sexual, teniendo en cuenta su mayor vulnerabilidad ante las redes criminales y los empleadores explotadores. Las políticas también deben ser culturalmente sensibles para respetar las tradiciones de los migrantes indígenas y proteger su bienestar.

Los espacios fronterizos seguros deben centrarse en los derechos humanos de las mujeres y niñas migrantes, no solo en la seguridad nacional. Por lo tanto, las rutas para cruzar la frontera deben regularizarse para que las mujeres puedan viajar con seguridad para solicitar protección internacional. Brindar capacitación sensible al género a los oficiales fronterizos les permitiría identificar mejor a las mujeres en riesgo y proporcionar canales de protección inmediata tan pronto como crucen la frontera.

En las circunstancias actuales, muchas mujeres expresaron pocas formas viables de escapar de la violencia, especialmente cuando viven en condiciones socioeconómicas restringidas sin redes de apoyo. El riesgo no es solo que la violencia persista, no se denuncie y se normalice, sino que las mujeres y las niñas naturalicen la violencia de género como inevitable, por ser mujeres y por ser migrantes. Ninguna mujer o niña migrante debe ver o vivir la violencia como una situación inevitable.

fornecer canais de proteção imediata assim que elas cruzassem a fronteira.

Nas circunstâncias atuais, essas mulheres expressaram poucas formas viáveis de escapar da violência, principalmente quando vivem em más condições socioeconômicas e sem redes de apoio. O risco não é apenas que a violência persista, permaneça impune e que seja normalizada, mas também que mulheres e meninas naturalizem a violência de gênero como inevitável, por serem mulheres e por serem migrantes. Nenhuma mulher ou menina migrante deve conceber a violência de gênero como uma situação inevitável.

Barreiras de acesso à saúde sexual e reprodutiva

Barreras a servicios de salud sexual y reproductiva

'Planejamento familiar' de Yoselin. Julho de 2021. Manaus, Brasil

'Planificación familiar' por Yoselin. Julio de 2021. Manaos, Brasil

Migração e a busca por acesso à saúde

Migración y la búsqueda de atención médica

As necessidades de saúde de mulheres e adolescentes deslocadas mudam à medida que elas enfrentam os múltiplos e distintos desafios nas diferentes etapas de suas jornadas migratórias. De maneira similar, também se alteram as barreiras que elas enfrentam para acessar os serviços de saúde. Algumas mulheres e adolescentes migram com necessidades de saúde não atendidas, esperando resolvê-las no país de destino. Outras desenvolvem novos problemas de saúde devido às suas experiências durante o deslocamento. No entanto, ao chegar no país de destino, a falta de familiaridade com o novo ambiente e as diferenças culturais ou linguísticas podem impedi-las de obter os cuidados de saúde necessários.

Anos de severas sanções e crise econômica fizeram com que o sistema de saúde na Venezuela colapsasse na última década. Houve quedas massivas na disponibilidade de medicamentos e procedimentos médicos; hospitais insuficientes para a crescente população venezuelana; a falta de serviços básicos, como eletricidade e água potável; e quase nenhum investimento em serviços de saúde. Como resultado, a maioria da população enfrentou um acesso cada vez mais reduzido a serviços de saúde de qualidade (CODS, 2021).

O impacto devastador das múltiplas e interseccionadas crises e vulnerabilidades na Venezuela no cotidiano do cidadão comum é evidente nas fotografias e depoimentos das mulheres retratadas neste livro. Diversas mulheres mencionaram que a falta de acesso à saúde era uma das principais razões para migrarem, por vezes combinada a más condições socioeconômicas, violência de gênero e nutrição inadequada.

Acesso a serviços de saúde sexual e reprodutiva não é uma exceção no que se refere às más condições do sistema de saúde venezuelano. Para muitas mulheres, seus problemas de saúde

Las necesidades de salud de las mujeres y niñas desplazadas cambian a medida que enfrentan diversos desafíos en las diferentes etapas de sus viajes migratorios, así como cambian los desafíos para acceder a la atención médica que necesitan. Algunas emprenden sus viajes con necesidades de atención médica no atendidas, con la esperanza de resolverlas en el país de destino. Otras enfrentan nuevos problemas debido a experiencias durante el desplazamiento. No obstante, la falta de familiaridad con el nuevo entorno y las diferencias culturales o lingüísticas pueden impedirles obtener la atención médica que necesitan.

A esta situación se suman años de severas sanciones y una crisis económica que han provocado el colapso de los sistemas de salud en Venezuela en la última década. Existe una gran escasez de medicamentos y procedimientos, hospitales insuficientes para una población creciente, falta de servicios básicos como electricidad y agua potable, y casi ninguna inversión en servicios de salud. Como resultado, la mayoría de la población se enfrenta a una disminución del acceso a una atención médica de calidad (CODS, 2021).

El impacto devastador de la intersección de crisis y vulnerabilidades en Venezuela en la vida cotidiana de la gente común es evidente en las fotografías y testimonios de las mujeres en este libro. Varias mujeres mencionaron la atención médica como una razón para migrar, a menudo en combinación con situaciones de dificultad socioeconómica, violencia de género y nutrición inadecuada.

El acceso a los servicios de salud sexual y reproductiva no es una excepción a la deficiente atención médica en Venezuela. Para muchas mujeres, los problemas de salud se vieron agravados por su acceso restringido a la salud sexual y reproductiva en ese país. Además de las situaciones

pioraram ou aumentaram devido ao acesso restrito a serviços de saúde sexual e reprodutiva em seu país. Isso, combinado a um cenário de escassez, crise e a insistência do conservadorismo, que reforça atitudes patriarcais contra mulheres, sua sexualidade e a possibilidade de terem acesso à técnicas de planejamento familiar, afetaram a maneira como mulheres e meninas podem exercer seus direitos sexuais e reprodutivos na Venezuela. Como em muitos outros países da região, esses fatores impediram mulheres e adolescentes de acessar contraceptivos, abortos seguros, e serviços de saúde em geral (Htun e Powell, 2006; Riggirozzi, 2021). Ainda mais preocupante é o fato de que os níveis de mortalidade materna na Venezuela têm crescido desde 2014 (Banco Mundial, 2022; CODS, 2021). A Anistia Internacional (2018) relatou que, entre 2015 e 2016, as mortes maternas aumentaram em 65 por cento na Venezuela, tendo retrocedido aos níveis de 25 anos atrás. De acordo com o Alto Comissariado das Nações Unidas para os Direitos Humanos (ACNUDH), a falta de acesso a cuidados pré e pós-natal é uma das razões pelas quais mulheres venezuelanas têm migrado em busca de 'proteção ao seu direito à vida com dignidade' (ACNUDH, 2019). Entretanto, o deslocamento provoca seus próprios desafios à saúde das mulheres migrantes, e pode ser um determinante social de sua saúde sexual e reprodutiva.

de escasez y crisis, el conservadurismo persistente y actitudes patriarcales hacia las mujeres, la sexualidad y la planificación familiar afectaron la forma en que mujeres y niñas podían ejercer sus derechos sexuales y reproductivos en Venezuela. Al igual que en muchos otros países de la región, estos factores han impedido que muchas mujeres y adolescentes accedan a la anticoncepción, al aborto seguro y a la atención médica en general (Htun y Powell, 2006; Riggirozzi, 2021). Más preocupante es que las tasas de mortalidad materna en Venezuela han ido en aumento desde 2014 (CODS, 2021). Amnistía Internacional (2018) informó que entre 2015 y 2016, la mortalidad materna en Venezuela aumentó un 65 por ciento, retrocediendo a las mismas tasas de 25 años anteriores. Según el Alto Comisionado de las Naciones Unidas para los Derechos Humanos, la falta de acceso a la atención prenatal y posnatal es un factor impulsor de la emigración femenina desde Venezuela, ya que muchas mujeres huyen en busca de 'protección de su derecho a una vida digna' (OHCHR, 2019). No obstante, el desplazamiento plantea sus propios desafíos para la salud de las mujeres y puede ser un factor determinante de la salud sexual y reproductiva durante y tras el desplazamiento.

Necessidades de saúde sexual e reprodutiva de migrantes venezuelanas

Necesidades de salud sexual y reproductiva de las migrantes venezolanas

'Essa foto é a representação de uma mulher frustrada. Houve um momento quando eu estava em um abrigo, que chegaram muitos casos de muitas mulheres [abusadas]. A gente não estava tão perto da fronteira, então elas passavam por Boa Vista. E, em um dos casos, estive conversando com uma delas, e ela viveu a experiência de ter sido abusada. Ela veio de carona desde a Venezuela com um caminhoneiro. E, como ela estava sozinha, nessa ocasião, foi abusada por ele. Depois ela ficou grávida, e não sabia o que fazer naquele momento.' (Yoselin, 17 de julho de 2021, Manaus, Brasil)

'Esta foto es la representación de una mujer frustrada. En este caso yo me enfoco, porque en el transcurso de que he estado aquí en Brasil, hubo un momento de que estuve en un abrigo [albergue]. *Llegaban muchos casos de muchas mujeres, de que no estamos tan cerca de la frontera, entonces pasan por Boa Vista y en uno de los casos, estuve hablando con una de las muchachas, y vivieron una experiencia de haber sido abusadas. Ella se trasladaba en carona desde Venezuela. Y como era ella sola, en esa oportunidad, consiguió una carona con un camionero y él abusó de ella. Él abusó de ella, y entonces ella quedó embarazada y ella no sabía qué hacer en ese momento.'* (Yoselin, 17 de julio de 2021, Manaos, Brasil)

'Gravidez não desejada' por Yoselin. Julho de 2021. Manaus, Brasil

'Embarazo no deseado' por Yoselin. Julio de 2021. Manaos, Brasil

'Passei noites com dor e, muitas vezes, não tinha medicamentos para tomar. Na minha opinião, eu gostaria que houvesse um kit de primeiros socorros aqui no abrigo que pudesse ajudar a todas as pessoas, que estão aqui como imigrantes, e que ainda não encontraram trabalho, que não podem nem comprar medicamentos ou pílulas.' (Chanel, 02 de outubro de 2021, Manaus, Brasil)

'Pasé noches con dolor y, muchas veces, no tenía medicamentos para tomar. En mi opinión, me gustaría que hubiera un botiquín de primeros auxilios aquí en el albergue para ayudar a esas personas que están aquí como inmigrantes y que aún no han encontrado trabajo, que no pueden ni comprar medicamentos o pastillas.' (Chanel, 2 de octubre de 2021, Manaos, Brasil)

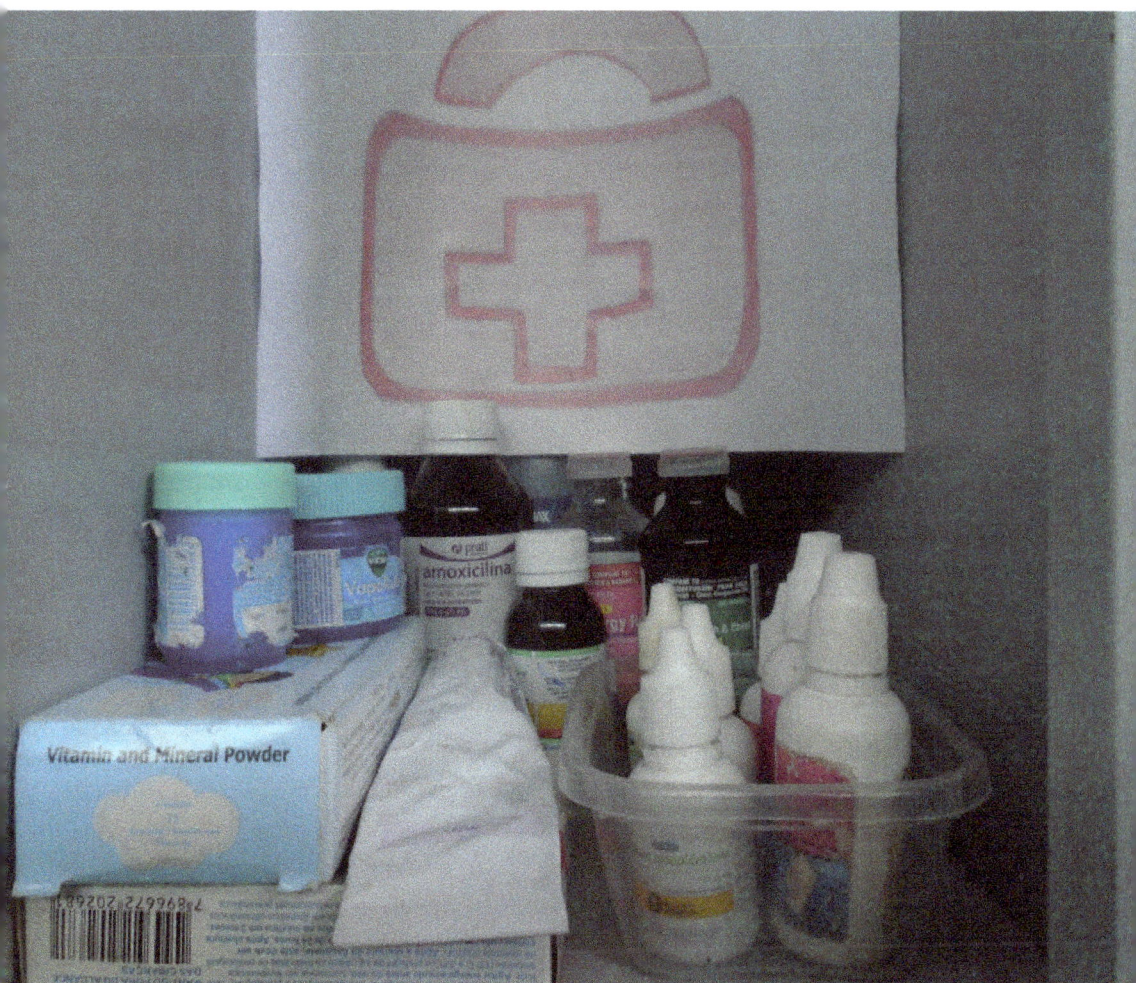

'Kit de primeiros socorros' por Chanel (pseudônimo).
Outubro de 2021. Manaus, Brasil

*'Botiquín de primeros auxilios' por Chanel (seudónimo).
Octubre de 2021. Manaos, Brasil*

'Agora na Venezuela está muito complicado comprar absorventes. As pessoas com poucos recursos, como a minha família, optam por comprar panos, usá-los, lavá-los, higienizá-los, e depois voltar a usá-los. Realmente está muito caro, e é algo que nos faz pensar na comida, sabe. E assim como a minha família, há muita gente com poucos recursos, que não tem condições nem para comer duas refeições por dia. Isso tem sido um benefício que temos aqui enquanto imigrantes, porque aqui, ao menos nessa instituição, dá para dizer que sempre nos ajudam, nos fornecem kits de higiene. Recebemos quatro, cinco pacotes de absorventes. Para que não nos falte, ao menos eu e minha irmã, vamos guardando. Vamos guardando porque sabemos que quando voltarmos à Venezuela, vai ser muito duro.' (Royra, 17 de julho de 2021, Manaus, Brasil)

'En Venezuela ahorita, está muy complicado cuando tú vas a comprarte toallas sanitarias. Las personas de bajo recursos, por lo menos como mi familia, han optado por comprar pañitos, utilizarlos, lavarlos, higienizarlos, volverlos a utilizar. Realmente está muy costoso. Y así como mi familia hay muchos de bajo recursos, que no tienen ni para comerse dos comidas al día. Eso sí ha sido un beneficio que hemos tenido aquí como inmigrantes: que aquí por lo menos, en esta institución se puede decir que siempre nos ayudan, nos dan un kit de higiene. Nos dan cuatro, o cinco paquetes. Para que no nos haga falta y por lo menos, así como mi hermana y yo, vamos guardando. Las vamos guardando porque sabemos que en el momento que nos toque ir a Venezuela, va a ser duro.' (Royra, 17 de julio de 2021, Manaos, Brasil)

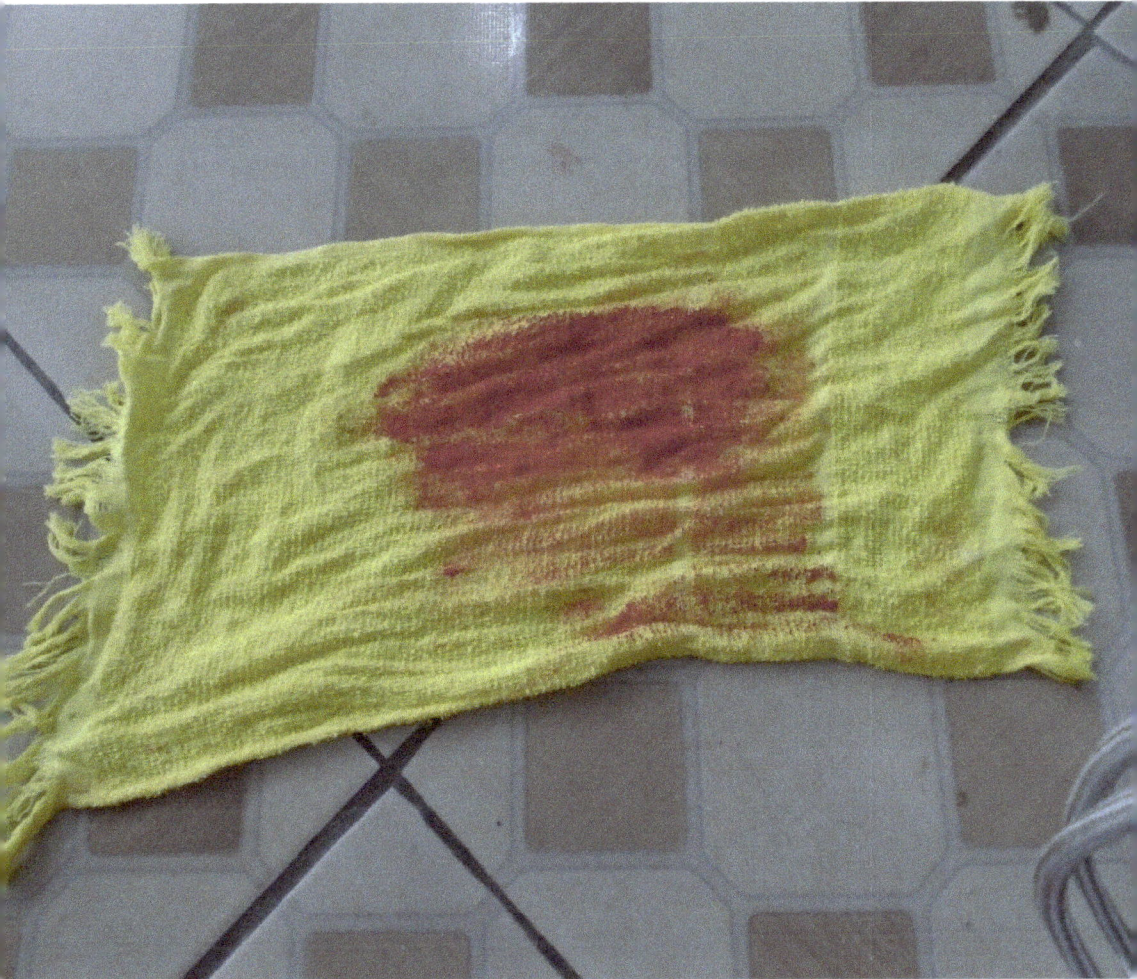

'Sem título' por Gleismari. Agosto de 2021. Manaus, Brasil

'Sin título' por Gleismari. Agosto de 2021. Manaos, Brasil

O deslocamento forçado pode causar e exacerbar problemas de saúde. Como explorado no Capítulo 2, muitas mulheres e adolescentes viajam em *trochas*. Neles, fazem longas caminhadas, tem acesso inadequado à alimentação e à água; sofrem mais riscos de violência sexual, entre outras situações traumáticas, que podem causar ou aumentar problemas de saúde, incluindo questões relacionadas à saúde sexual e reprodutiva. Todas as mulheres, mas especialmente mulheres pobres e aquelas que migram sozinhas, correm risco de serem vítimas de violência sexual durante a migração, e das consequências dessa violência em sua saúde física, mental, sexual e reprodutiva. Paralelamente, como discutido no Capítulo 1, as responsabilidades de cuidadora colocam mulheres, especialmente as mães, na difícil posição de terem que decidir quem se alimenta durante o deslocamento, priorizando os seus filhos em detrimento de si mesmas. Quando essas migrantes chegam ao país de destino, todos esses fatores geram novas necessidades de saúde.

Migrar, especificamente considerando as diversas modalidades de deslocamento, também afeta a habilidade dessas mulheres de acessar serviços de saúde, obter proteção, e reparar algumas consequências da violência de gênero. A maneira como mulheres e adolescentes migrantes chegam ao país de destino determina qual informação e orientações elas recebem em relação ao acesso ao sistema universal de saúde e outros serviços de proteção no Brasil. Algumas das mulheres disseram que têm um acesso razoável a serviços de saúde e que, em geral, têm uma percepção positiva da atenção que recebem. No entanto, todas elas enfrentam barreiras em comum em relação ao acesso a esses serviços. Além do preconceito sofrido na prestação de serviços por parte dos profissionais de saúde, outras barreiras, óbvias e sutis, também prejudicam seu acesso aos serviços de saúde. Informações confusas sobre como o sistema funciona e como ele está estruturado, principalmente para o uso de migrantes, faz com que as mulheres se sintam desencorajadas a usá-lo.

El desplazamiento puede causar y exacerbar problemas de salud. Como se explora en el Capítulo 2, muchas mujeres y niñas viajan por senderos precarios e irregulares llamados trochas, donde las largas caminatas, el acceso inadecuado a alimentos y agua, y los mayores riesgos de violencia sexual, desnutrición, hambre y sed, entre otras situaciones traumáticas, precipitan problemas de salud, incluidos muchos relacionados con la salud sexual y reproductiva. Todas las mujeres, pero en particular las mujeres pobres y las que viajan solas, corren un gran riesgo de violencia sexual durante el desplazamiento y de consecuencias posteriores a esta violencia que afectan su salud mental, física, sexual y reproductiva. Asimismo, como se explora en el Capítulo 1, las responsabilidades de cuidado a menudo sitúan a las mujeres, especialmente a las madres solteras, en una posición difícil en la que priorizan quién come durante el viaje, cuidando a sus hijos antes que a ellas mismas. En el momento en que las migrantes llegan al nuevo país, todos estos factores generan nuevas necesidades de salud.

El desplazamiento y las modalidades específicas de viaje de muchas mujeres también afectan su capacidad para acceder a servicios de salud, encontrar protección y abordar algunas de las consecuencias de la violencia. Por ejemplo, la forma y el lugar al que las mujeres y niñas migrantes llegan determina qué información y orientación reciben sobre el acceso al sistema universal de salud y otros servicios de protección en Brasil. Algunas de las mujeres hablaron de un acceso razonable a los servicios de salud y, en general, percibieron que recibieron un buen servicio. Sin embargo, todas enfrentaron barreras comunes. Además de los prejuicios en la prestación de servicios por parte del personal de atención médica, otras barreras obvias o sutiles socavan el acceso de los migrantes a los servicios apropiados. La información confusa sobre cómo funciona y cómo está estructurado el sistema de salud, particularmente cuando los usuarios son personas migrantes, hace que las mujeres se sientan desanimadas y sin el apoyo de los centros de salud

Como consequência, há o risco de que as necessidades de saúde dessas mulheres não sejam atendidas também por este motivo (veja a figura 1).

As mulheres neste livro identificaram diversos e contínuos desafios para sua saúde sexual e reprodutiva na Venezuela, durante o deslocamento, e no país de destino. Entre eles, elas mencionaram nutrição inadequada, a qual afetava a amamentação e o planejamento familiar; violência, frequentemente impune e não denunciada; condições inadequadas para sua higiene e saúde menstrual, e falta de privacidade para troca de absorventes; falta de métodos contraceptivos e oportunidades para um planejamento familiar bem informado; falta de acesso a aconselhamento ou apoio psicológico e emocional; interrupção de atenção médica contínua; ausência de tratamento e suporte psicológico pós-exposição à violência sexual; falta de prevenção e tratamento de infecções sexualmente transmissíveis e outras doenças, mesmo que com alto risco de contágio; pouco ou nenhum acesso a exames laboratoriais ou diagnósticos de pré-natal, câncer, etc; e serviços inadequados que atendam às necessidades das migrantes mais jovens.

existentes. Esto aumenta el riesgo de dejar sin atender necesidades de salud (ver figura 1).

Las mujeres participantes en este libro identificaron varios desafíos actuales para la salud sexual y reproductiva en Venezuela, en el desplazamiento y en los lugares de residencia. Estos incluyen una nutrición inadecuada que afecta la lactancia materna y la planificación familiar; la violencia, que a menudo no se denuncia; condiciones inadecuadas para la salud e higiene menstrual y la, falta de privacidad para cambiar toallas sanitarias; falta de métodos anticonceptivos y oportunidades para una planificación familiar informada; falta de acceso a asesoramiento o apoyo psicológico y emocional; interrupción de la continuidad de la atención médica; ausencia de tratamiento y atención posterior a la exposición a, por ejemplo, violencia sexual, así como apoyo psicológico después de situaciones de violencia y violencia sexual en particular; falta de prevención y tratamiento de infecciones de transmisión sexual y otras enfermedades corriendo un alto riesgo de contraerlas; falta de acceso a pruebas de laboratorio o diagnósticos para atención prenatal, cáncer, etc.; y servicios sensibles a las necesidades de las migrantes más jóvenes no adecuados.

Acesso à informação sobre saúde

Acceso a información sobre servicios de salud

'Passei por uma situação relativa à minha saúde sexual e reprodutiva. Ainda não sei se estou doente. Perdi um bebê, já se passou uma semana e ainda não tive uma resposta. Fui a dois lugares: a um hospital e ao Instituto da Mulher, aqui de Manaus, e me trataram mal. Me deixaram esperando cinco horas só para me dizerem, após me pesarem e medirem minha pressão arterial: "Você não tem nada. Pode voltar para sua casa. E se você teve um aborto espontâneo, bem, isso não é nada. Aqui a gente só atende quem for operar, portanto, volte para a sua casa". Saí de lá sem nada, ferida. Fui a um outro centro de saúde próximo. Me deram uma data de uma consulta, mas também disseram: "Pague uma clínica se você tiver muita pressa ... e aí você pede uma ecografia em um ou dois meses, para ver o que você tem." Eu estava doente e com febre havia cinco dias, minha barriga inflamada, e eu não aguentava mais a dor de cabeça.' (Royra, 17 de julho de 2021, Manaus, Brasil)

'*Pasé por una situación con respecto a mi salud sexual y reproductiva. Todavía no sé si estoy enferma. Perdí un bebé, ha pasado una semana y no he tenido una respuesta. Fui a dos lugares: un hospital, y el Instituto de la Mujer aquí en Manaos, y me trataron mal. Me dejaron esperando cinco horas solo para decirme, cuando me tomaron el peso y me midieron la presión arterial: "No tienes nada. Vete a casa. Y si tuviste un aborto espontáneo, bueno, eso no es nada. Aquí solo atendemos gente para operar, así que vete a tu casa". Me fui sin nada, herida. Fui a otro centro de salud cercano. Me dieron cita pero me dijeron: "Ve y paga en una clínica si tienes tanta prisa ... Pide cita para una ecografía en uno o dos meses, a ver qué tienes." Yo estaba enferma y llevaba cuatro o cinco días con fiebre, con el vientre inflamado, hasta que ya no aguanté más el dolor de cabeza.' (Royra, 17 de julio de 2021, Manaos, Brasil)*

'Cuide-se, use proteção' por Maryset. Julho de 2021.
Manaus, Brasil

*'Cuidate, usa protección' por Maryset. Julio de 2021.
Manaos, Brasil*

'Quando eu fiquei grávida, realmente não esperava. Eu estava me cuidando, tomando contraceptivos, mas como as descrições dos contraceptivos dizem, nem todos são 100 por cento eficazes. Então o que aconteceu? Eu fiquei grávida de uma menina, sabe. E durante a gravidez, à medida que minha barriga ia crescendo, eu refletia que nem todas nós mulheres, esperamos, uma gravidez. Sempre pensamos que nosso futuro será de uma forma, mas de repente aparece um bebê e a gente tem que construir nosso mundo com nosso filho.' (Edismar, 17 de julho de 2021, Manaus, Brasil)

'Cuando salí embarazada, realmente no lo sabía. Yo m *estaba cuidando con anticonceptivos, pero como siempre,* *en las descripciones de los anticonceptivos dice que no todo* *anticonceptivo es 100 por ciento eficaz. ¿Entonces qué pasa?* *yo salí embarazada de una niña, verdad. Y a medida que fue* *mi proceso, a medida que fue creciendo mi pancita, quise* *reflejar que nosotras todas las mujeres nunca esperamos* *un embarazo. Siempre pensamos en que mi futuro, lo voy a* *pintar de una manera, pero de repente aparece un bebé y* *ahora tenemos que pintar nuestro mundo con nuestro hijo'* *(Edismar, 17 de julio de 2021, Manaos, Brasil)*

'Meu planejamento'
por Edismar. Julho
de 2021. Manaus,
Brasil

'Mi planificación'
por Edismar.
Julio de 2021.
Manaos, Brasil

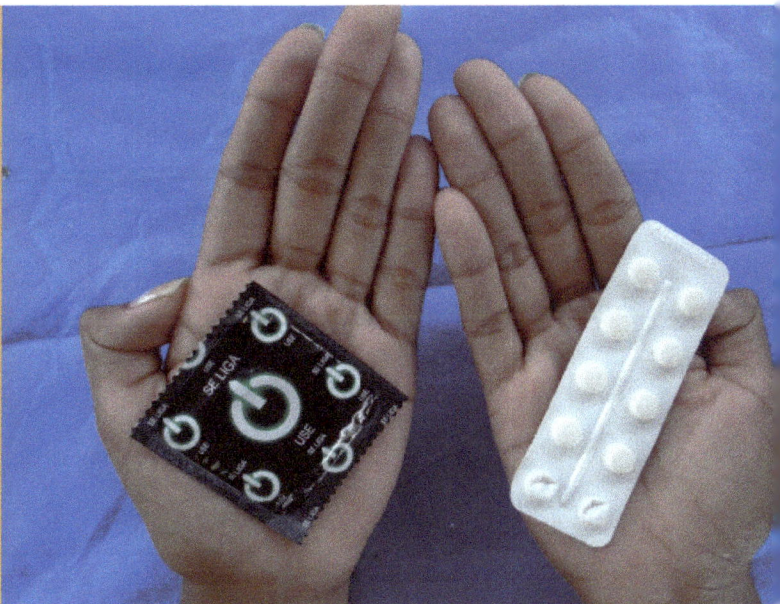

'Educação sexual e o
valor na sociedade'
por Sheylimar. Julho
de 2021. Manaus,
Brasil

'Educación sexual y el
valor en la sociedad'
por Sheylimar. Julio
de 2021, Manaos,
Brasil.

'Pedi essa injeção para que pudesse me cuidar e não ficar grávida, pensando que mais adiante, quando já estivesse mais estabelecida, pudesse ter meu segundo filho. Assim que me deram a injeção, não gostei, doía. Me senti fraca. Me senti fraca e com náuseas. Nem sequer conseguia me levantar. Eu recomendo que você vá ao médico para que o médico recomende quais contraceptivos você pode tomar porque nem todas nós temos o mesmo organismo, nem todas toleram essa injeção. O meu corpo não a tolera.' (Estelita Guillén, 02 de outubro de 2021, Manaus, Brasil)

'Pedí esa inyección para cuidarme y no quedarme embarazada, pensando que más adelante, cuando me estableciera, podría tener mi segundo hijo. Así que obtuve el jab. No me gustó; duele. Me sentí débil. Me sentí mareada y débil. Ni siquiera podía levantarme. Yo te recomiendo que vayas al médico para que el médico sepa qué anticonceptivos puedes tomar, porque no todos tenemos el mismo sistema, no todos toleran esa inyección. Mi cuerpo no lo tolera. Me dolió.' (Estelita Guillén, 2 de octubre de 2021, Manaos, Brasil)

'Sem título' por Estelita Guillén (pseudônimo). Julho de 2021. Manaus, Brasil

'Sin título' por Estelita Guillén (seudónimo). Julio de 2021. Manaos, Brasil

'Esses são os métodos que uso para cuidar de mim mesma. Porque não posso ficar grávida outra vez do meu companheiro. Se ficar grávida, vou ficar doente. [Contracepção] não era algo que estivesse disponível na Venezuela, mas aqui tenho a oportunidade de cuidar de mim. Este método, no entanto, não é bom porque me sinto sufocada. Me sinto demasiadamente gorda. [O contraceptivo] me faz sentir assim. Mas tudo bem, se é o caso, tenho que fazê-lo para não trazer ao mundo um bebê que terá problemas.' (Yennimar, 17 de julho de 2021, Manaus, Brasil)

'Estos son mis métodos para cuidarme. Porque no puedo volver a quedar embarazada de mi pareja. Si me quedo embarazada, me voy a enfermar. Es algo que no estaba [disponible] en Venezuela, pero aquí tengo la oportunidad de cuidarme. Pero este método no es bueno porque me siento sofocada. Me siento demasiado gorda. [El anticonceptivo] me pone así. Pero bueno, si ese es el caso, tengo que hacerlo para no traer un bebé al mundo que tenga problemas.' (Yennimar, 17 de julio de 2021, Manaos, Brasil)

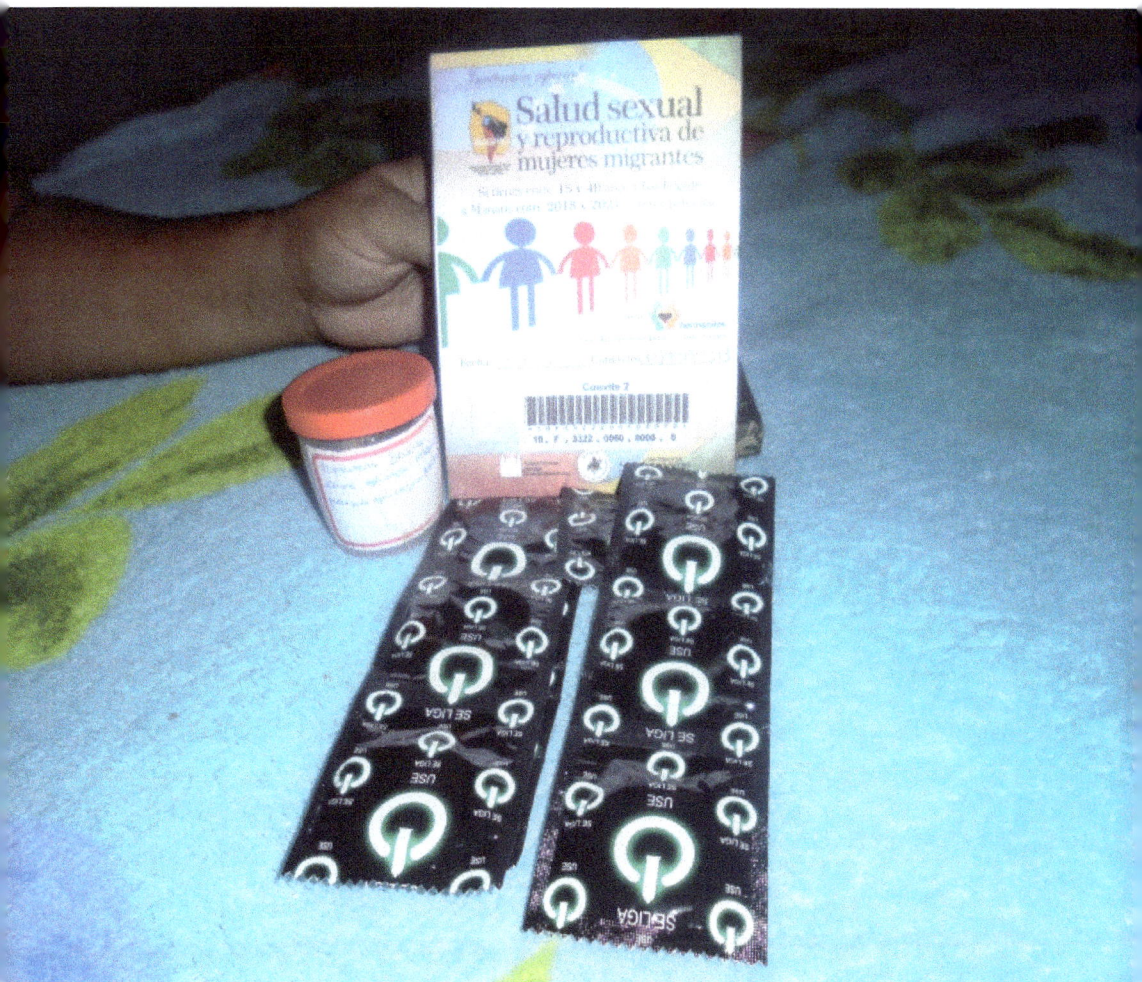

'Saúde sexual' por Yennimar. Julho de 2021. Manaus, Brasil

'Salud sexual' por Yennimar. Julio de 2021. Manaos, Brasil

'Me contaram uma história de uma jovem que veio para cá com seu parceiro. Ela teve que dormir na rua e, de alguma maneira, durante toda essa situação, ficou grávida. Disse a seu parceiro que estava grávida e o rapaz falou para ela que tinha que abortar. Foi ele quem a fez abortar naturalmente. Ele conseguiu plantas para que ela interrompesse a gravidez. Eles tomaram essa decisão. [Nós, mulheres] migramos e sentimos que todo o nosso mundo vai desmoronar.' (Yumarielys, 17 de julho de 2021, Manaus, Brasil)

'Me contaron una historia de una joven que vino aquí con su pareja. Tuvo que dormir en la calle y de alguna manera, durante toda esa situación, quedó embarazada. Le dijo a su pareja que estaba embarazada y el chico le dijo que tenía que abortar. Fue él quien hizo que ella abortara naturalmente. Le consiguió plantas, árboles y cosas para terminar el embarazo y ellos tomaron esa decisión. [Nosotras, las mujeres] migramos y sentimos que todo nuestro mundo se va a desmoronar.' (Yumarielys, 17 de julio de 2021, Manaos, Brasil)

'Uma decisão ruim' por Yumarielys. Julho de 2021. Manaus, Brasil

'Una mala decisión' por Yumarielys. Julio de 2021. Manaos, Brasil

'Eu nomeei a minha foto como "Minha primeira menstruação". Creio que todas aqui vivemos uma experiência sobre como foi nossa primeira menstruação. Eu estava jogando e de repente tive vontade de urinar. Quando fui ao banheiro, vi que minhas calças estavam manchadas. Gritei porque pensei que eu estava morrendo, mas quando chamei a minha mãe, ela me disse: "Virão muitas mudanças no seu corpo".' (Edismar, 17 de julho de 2021, Manaus, Brasil)

'Puse "Mi primer período" como título. Creo que todas las que estamos aquí hemos vivido una primera etapa. Estaba jugando y de repente tuve ganas de orinar. Cuando fui al baño, mis pantalones estaban manchados. Grité porque pensé que me estaba muriendo, pero cuando llamé a mi mamá, ella me dijo: "Van a haber muchos cambios en tu cuerpo".' (Edismar, 17 de julio de 2021, Manaos, Brasil)

'Minha primeira menstruação' por Edismar. Julho de 2021. Manaus, Brasil

'Mi primera menstruación' por Edismar. Julio de 2021, Manaos, Brasil

O controle de fronteiras funciona como uma barreira de acesso à informação relativa às políticas de abrigamento, à documentação e ao sistema de saúde. De maneira geral, a maneira como mulheres e adolescentes chegam ao Brasil determina qual instituição irá prestar assistência, qual informação e orientação obterão relativos aos documentos para acessar o Sistema Universal de Saúde brasileiro (SUS), e se e quando elas terão acesso a abrigos. Migrantes que não entram pela 'porta oficial', ou que vivem em situação de rua, estão mais propensas a permanecerem em um 'limbo legal'. Indocumentadas, se tornam ainda mais invisíveis ao sistema e, portanto, com mais dificuldades de acessar informações relativas ao acesso a abrigos e a serviços de saúde. Essa situação ficou ainda mais evidente durante a pandemia, devido ao fechamento das fronteiras entre 2020 e 2021.

Um assunto que requer mais ampla disseminação de informação é a menstruação. Em diferentes situações, condições e contextos, bem como em distintos estágios do deslocamento, mulheres e adolescentes migrantes têm um acesso variável a produtos de higiene menstrual, tais como absorventes, coletores menstruais, ou absorventes internos. Algumas têm pouca ou nenhuma informação sobre menstruação, ciclo menstrual, e produtos de higiene menstrual. Informação gratuita e de fácil acesso sobre menstruação, além de roupa íntima nova e limpa, deveriam estar disponibilizadas em abrigos, após se cruzar as fronteiras e em serviços e postos de saúde, a fim de atender às necessidades de todas as mulheres e adolescentes migrantes, independentemente de status migratório, situação de moradia, e condições socioeconômicas individuais.

Uma outra informação importante se refere à interrupção da gravidez. Abortar ainda é ilegal no Brasil, com exceção de gravidez resultante de estupro, para salvar a vida da mãe, ou se o feto for anencefálico (quando não desenvolve partes do cérebro ou do crânio). Mesmo nestes casos, o tema do aborto continua profundamente

El control fronterizo muchas veces actúa como una barrera para acceder a información sobre alojamiento y documentación relacionada con el funcionamiento del sistema de salud. En gran medida, la forma en que las mujeres y niñas migrantes arriban determina qué institución las reciben, qué información y orientación se les ofrece sobre documentos necesarios para acceder al sistema universal de salud, y si se les brinda albergue y cuándo. Las migrantes que no ingresan a Brasil a través de la puerta oficial, o que viven en situaciones de calle, por falta de vivienda, probablemente pasen un período en el limbo legal y en cuanto al alojamiento. Es más probable que sean indocumentadas e invisibles para el sistema y, por lo tanto, que tengan más dificultades para acceder a la información sobre sus derechos a la salud, al acceso a vivienda y a servicios de salud. Esta fue una situación que se volvió apremiante durante el cierre de fronteras durante 2020 y 2021 debido a la pandemia.

Un aspecto que requiere más información de libre acceso es la menstruación. En diferentes situaciones, condiciones y contextos, así como en etapas de desplazamiento, las mujeres y niñas migrantes tienen acceso variado a productos menstruales, como toallas sanitarias, copas menstruales o tampones. Algunas pueden tener poca o ninguna información sobre la menstruación, los ciclos menstruales y los productos de higiene menstrual. El acceso fácil y gratuito a la información sobre la menstruación, junto con ropa interior fresca y limpia, debe estar disponible en los albergues después de cruzar la frontera y en los centros de salud, para cubrir las necesidades de todas las mujeres y niñas migrantes, independientemente de su estatus legal, situación de vivienda y condiciones socioeconómicas.

Otro aspecto es la interrupción del embarazo. El aborto sigue siendo ilegal en Brasil excepto en casos de violación, para salvar la vida de la madre o si el feto es anencefálico (no se han desarrollado correctamente partes del cerebro o del cráneo). Incluso en estos casos, el aborto sigue estando profundamente estigmatizado. Además del

estigmatizado no país. Paralelamente a terem acesso a contraceptivos, mulheres e meninas migrantes também devem ter acesso à informação relativa a planejamento familiar, bem como a lugares seguros em que possam discutir sobre este tema, incluindo a temática de acesso a abortos seguros. Caso contrário, essas mulheres e meninas migrantes correm o risco de tomar decisões difíceis e complexas sem qualquer apoio, podendo arriscar suas próprias vidas, como demonstrado no caso da mulher que engravidou enquanto estava em situação de rua, e acabou interrompendo sua gravidez com remédios caseiros fornecidos pelo companheiro.

Experiências já bastante desafiadoras para todas as mulheres se tornam ainda mais difíceis para mulheres migrantes, especialmente quando elas não têm nenhum apoio ou conhecimento de seus direitos no país de destino. É imperativo que os serviços disponíveis cheguem até essas mulheres migrantes, a fim de que elas possam obter acesso à informação precisa, oportuna e imparcial sobre seus direitos sexuais e reprodutivos no Brasil. Isso inclui acesso justo e digno à contracepção de emergência e ao aborto legal e seguro, de acordo com a lei brasileira[5].

Apesar de tudo, as mulheres deste livro em geral falavam de maneira positiva acerca da disponibilidade e do acesso a contraceptivos no Brasil. Isso é um elemento fundamentalmente importante para a saúde sexual e reprodutiva. No entanto, a abordagem do sistema de saúde tende a focar excessivamente em comportamentos sexuais e em métodos contraceptivos. Isso não é uma surpresa, considerando a seriedade da violência a que muitas mulheres e adolescentes estão sujeitas durante o deslocamento. Porém, o foco excessivo em informação e medidas para contracepção não significa apenas que políticas de proteção à saúde são limitadas, reativas e de curto prazo, mas também que elas correm o risco de conceber essas mulheres meramente como vítimas, ao invés de cidadãs ou sujeitas de direitos (Grugel, 2022). Isso pode reforçar estereótipos de hipersexualização

acceso a anticonceptivos, las mujeres y las niñas deben tener acceso a información sobre planificación familiar y espacios seguros para discutir opciones, incluido el aborto seguro. De lo contrario, se arriesgan a tomar decisiones difíciles y pueden poner en riesgo su vida, como lo demuestra el caso de la mujer que se encontró embarazada sin hogar y durmiendo en la calle, que terminó interrumpiendo su embarazo con medicamentos caseros proporcionados por el 'padre'.

Las experiencias ya difíciles pueden resultar abrumadoras para las migrantes, especialmente cuando las no cuentan con el apoyo o el pleno conocimiento de sus derechos en el país de acogida. Es imperativo que los servicios lleguen activamente a las mujeres migrantes para que puedan recibir información precisa, oportuna e imparcial sobre sus derechos sexuales y reproductivos en Brasil. Esto incluye el acceso justo y digno a la anticoncepción de emergencia y al aborto seguro y legal de acuerdo con la ley brasileña.[5]

No obstante, las mujeres en este libro generalmente hablaron positivamente sobre la disponibilidad y el acceso a los anticonceptivos en Brasil. Este es un elemento sumamente importante de la salud sexual y reproductiva. Sin embargo, la información sobre salud y el enfoque del sistema de salud tienden a estar excesivamente centrados en comportamientos de salud sexual y métodos anticonceptivos. Esto no sorprende dada la grave experiencia de violencia que enfrentan la mayoría de las mujeres y niñas migrantes durante el desplazamiento. Sin embargo, el enfoque excesivo en la información y las medidas sobre anticoncepción significa que las políticas de protección de la salud no solo son limitadas, reactivas y de corto plazo, sino también corren el riesgo de construir a las mujeres como víctimas, en lugar de ciudadanas (Grugel, 2022). Esto puede reforzar los estereotipos y la hipersexualización de las mujeres y niñas migrantes venezolanas. En la práctica, también podría darse el caso de que proporcionar anticonceptivos sea una

de mulheres e adolescentes venezuelanas no Brasil. Na prática, oferecer apenas contraceptivos pode se tornar uma solução fácil e com resultados imediatamente mensuráveis, comparado a abordagens que buscam resolver questões mais profundas envolvendo violência sexual, trauma e sexualidade. O risco é que o fornecimento de planejamento familiar e contracepção seja priorizado em detrimento a uma atenção em saúde humana, holística, empoderadora e sensível às questões de gênero. Isso pode reforçar o estereótipo de que mulheres e adolescentes migrantes são meras vítimas, principalmente vítimas de violência sexual, ao invés de concebê-las enquanto detentoras de direitos à saúde.

solución 'fácil' y medible, en comparación con trabajar para resolver los problemas más profundos relacionados con la violencia sexual, el trauma y la sexualidad que experimentan las personas migrantes. Existe el riesgo de que se priorice la provisión de planificación familiar y anticoncepción a expensas de brindar atención médica centrada en el ser humano, que sea holística, sensible al género y que pueda empoderar a todas las personas. La atención médica actual parece estar basada en la construcción de mujeres y niñas como víctimas, principalmente víctimas sexuales, más que como sujetos de derechos.

Barreiras aos serviços de saúde sexual e reprodutiva

Barreras a los servicios de salud sexual y reproductiva

'Não há necessidade de nos tratarem assim, só porque somos venezuelanas. Podem me chutar, ou me tratar como queiram, mas eu faria de tudo por minha filha, para que ela possa operar, porque seu pé dói. Isso faz com que eu me sinta horrível. Em nome de Deus, tomara que [no outro centro médico] me tratem melhor. Somos venezuelanas, não somos animais para sermos tratados dessa maneira. (Yennimar, 17 de julho de 2021, Manaus, Brasil)

'No hace falta que nos traten así, solo porque somos venezolanos. Me pueden patear, me pueden tratar como quieran, pero yo lo haría por mi hija para que se opere porque le duele el pie. Eso me hace sentir terrible. En nombre de Dios, ojalá me traten mejor [en el otro centro médico]. Es decir, somos venezolanos. No somos animales para ser tratados de esa manera.' (Yennimar, 17 de julio de 2021, Manaos, Brasil)

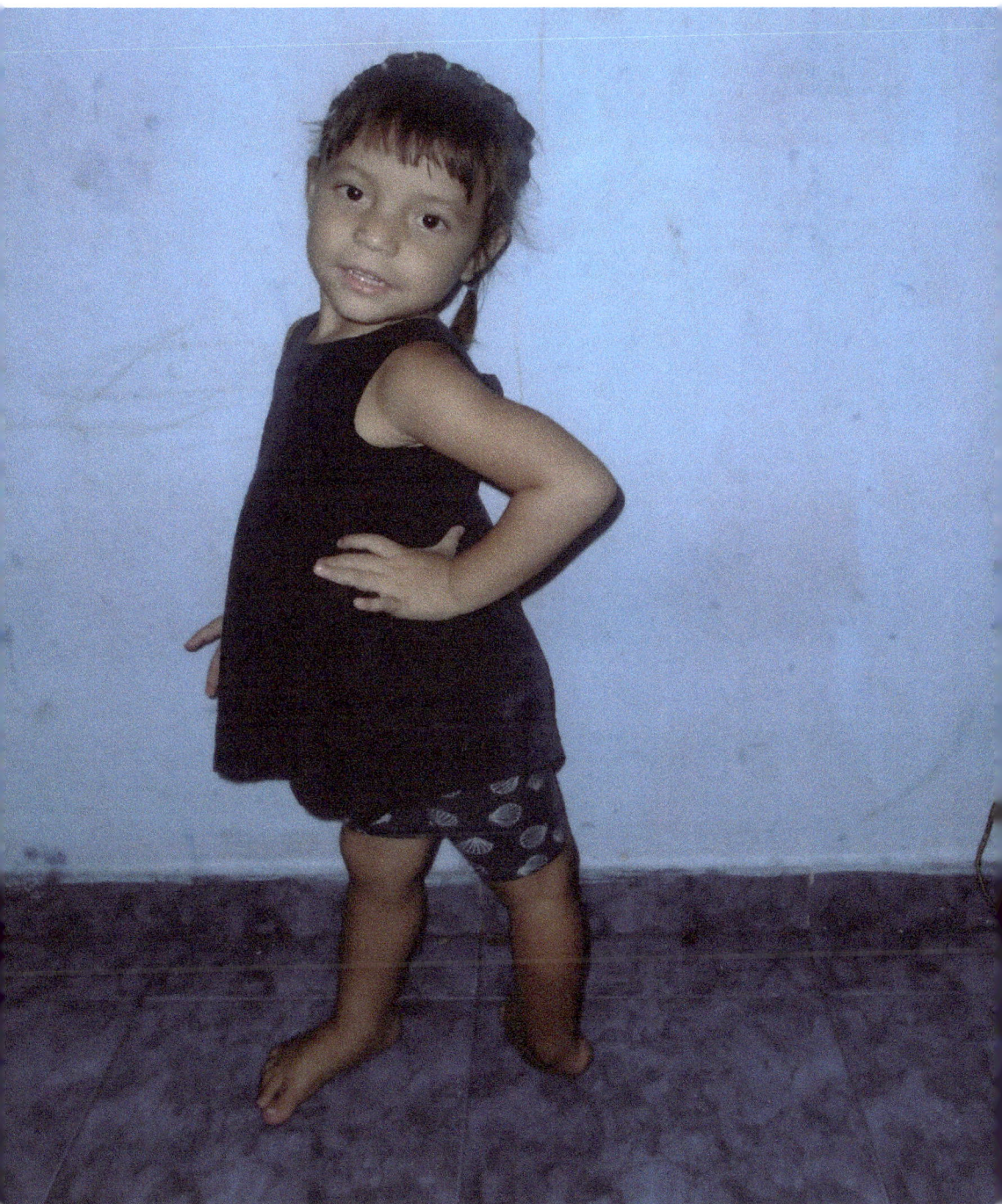

'Essa foto é de minha filha' por Yennimar. Julho de 2021. Manaus, Brasil

'Esta foto es de mi hija' por Yennimar. Julio de 2021. Manaos, Brasil

'Já faz três meses que estou tentando fazer uma revisão em algum hospital ou centro de saúde, qualquer lugar que fosse. Infelizmente, só me disseram: "Pare". Por que pare? Me disseram: "Não, você não pertence a este centro de saúde. Tem que ir ao qual você está vinculada". [Eu respondi:] "Ah, não entendo o que você está dizendo". Isso tudo é porque eu sou imigrante. Até que um dia, creio que as pessoas viram a minha camiseta, de uma organização onde eu sou voluntária. Esse uniforme me deu acesso. Ela não se deu conta de que eu era venezuelana. Não viu mais nada, só o uniforme. Me deram receita e tudo. Me trataram como uma rainha. Me senti como se estivesse em uma clínica privada. Tudo devido ao uniforme. Eu percebo isso com todos meus amigos migrantes. A atenção médica é difícil aqui. É muito mais difícil para os migrantes porque nos dizem: "Não te entendo. Não há nada. Você não pertence aqui." Nem sequer explicam como funciona o procedimento para conseguir uma consulta. E te tratam mal. Te tratam muito, muito, mal.' (Yumarielys, 17 de julho de 2021, Manaus, Brasil)

'*Llevo tres meses intentando hacerme una revisión en un hospital o en un centro de salud, donde podía. Desafortunadamente, solo me dijeron "Para". ¿Por qué detenerse? Me dijeron: "No, tú no perteneces a este centro de salud. Tienes que ir al que perteneces". [Dije] "Oh, no entiendo de qué estás hablando". Todo es porque soy una migrante. Hasta que un día, creo que vio mi camiseta, soy voluntaria en una organización. Ese uniforme me dio acceso. Ella no se dio cuenta que yo era venezolana. No vio nada más, sólo el uniforme. Me dieron receta y todo. Me trataron como una reina. Me sentí como si estuviera en una clínica privada. Todo fue por el uniforme. Lo veo mucho con todos mis amigos migrantes. La atención médica es difícil aquí. A los migrantes nos cuesta mucho más porque nos dicen: "No te entiendo. No hay ninguno. No perteneces aquí. Ni siquiera explican cómo funciona el procedimiento para conseguir una cita. Y te tratan mal. Te tratan muy, muy mal.*' (Yumarielys, 17 de julio de 2021, Manaos, Brasil)

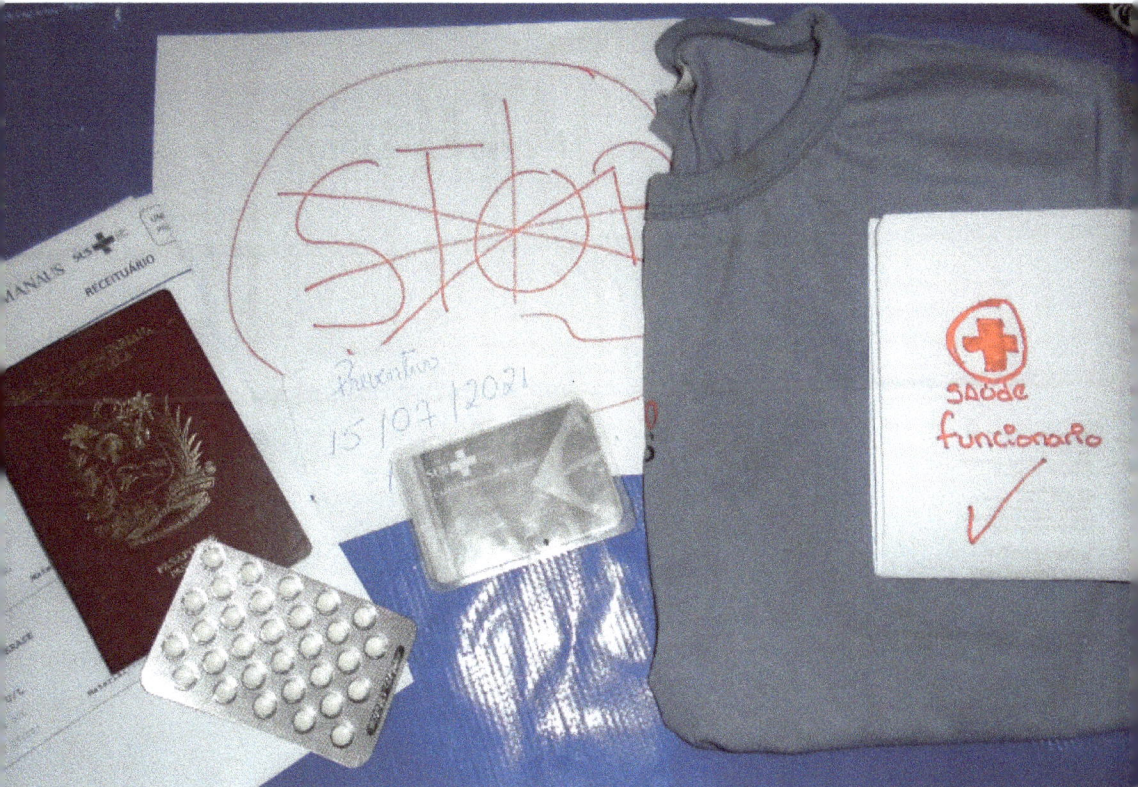

'Privilégios' por Yumarielys. Julho de 2021. Manaus, Brasil

'Privilegios' por Yumarielys. Julio de 2021. Manaos, Brasil

'Bem, eu tirei essa fotografia porque estava sentindo uma dor muito forte [antes do parto], eu tive que caminhar e caminhar porque doía, doía muito. Eu não sabia como eram as coisas aqui no Brasil, então eu estava assustada. Eles me disseram que quando uma pessoa vai parir "tem que sair primeiro o líquido", tem que romper para poder parir. "Aqui não é como na Venezuela, aqui é diferente, porque aqui no Brasil primeiro tem que romper o líquido para poder nascer, tem que esperar". Eu não sabia. E doía em volta [da região da cintura]. Tive que caminhar, me mandaram caminhar. Esperei e esperei, tudo para romper as águas.' (Alenia, 21 de agosto de 2021, Manaus, Brasil)

'Bueno, esa fotografía yo tiré porque cuando me estaba dando dolor fuerte, yo tenía que caminar y caminar porque dolía, dolía mucho. Yo no sabía cómo es la cosa aquí en Brasil entonces yo estaba asustada. Ellos me dijeron que cuando va a parir "tiene que salir primero líquido", tiene que romper para poder parir. "Aquí no es como en Venezuela, aquí es diferente, porque aquí en Brasil sí primero tiene que romper el líquido para poder nacer, tiene que esperar". No lo sabía. Me dolía alrededor [de mi cintura]. Tuve que caminar, me mandaron a caminar. Esperé y esperé, todo para romper aguas. (Alenia, 21 de agosto de 2021, Manaos, Brasil)

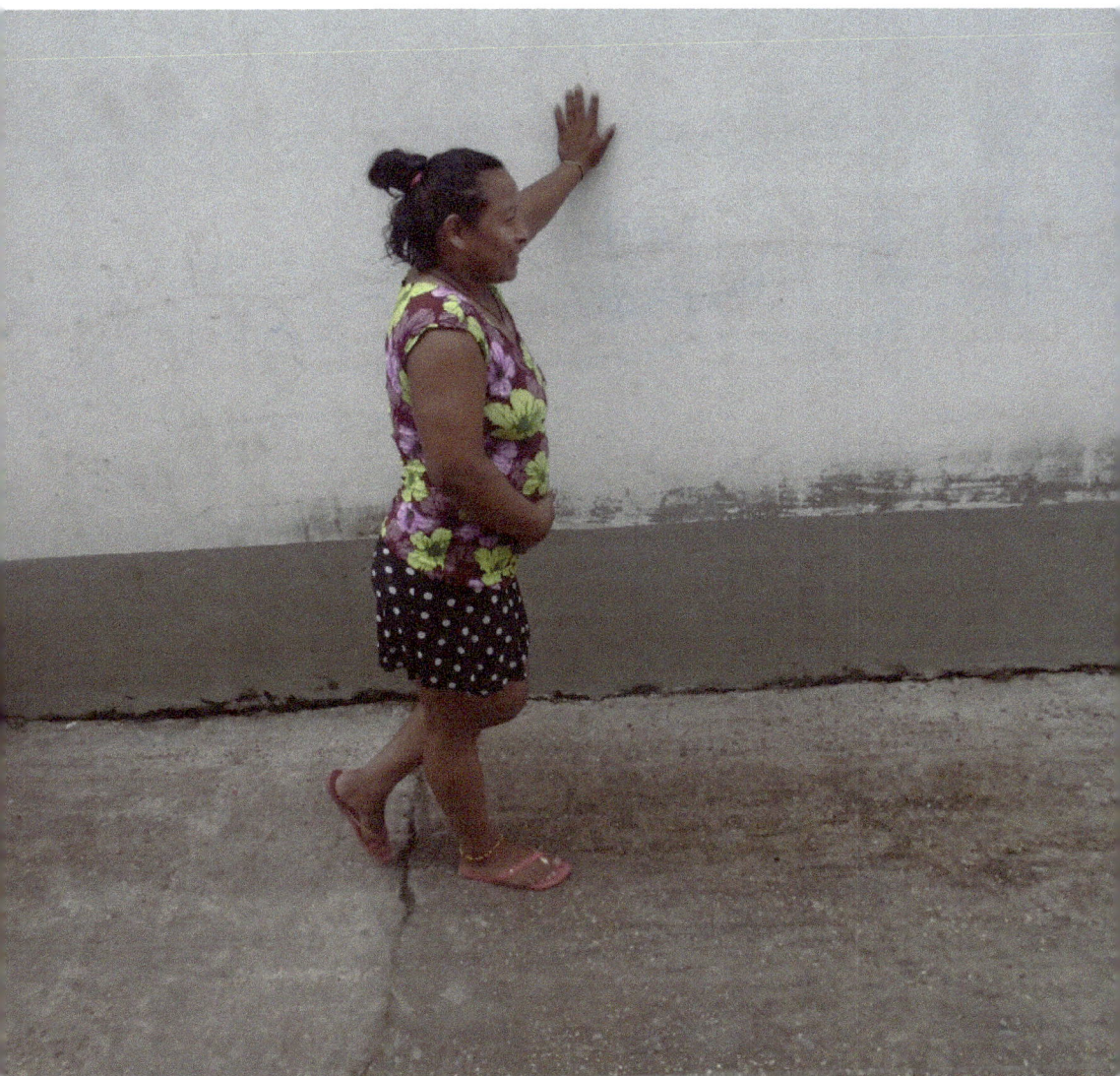

'Sem Título' por Alenia. Agosto de 2021. Manaus, Brasil

'Sin título' por Alenia. Agosto de 2021. Manaos, Brasil

'Cheguei aqui grávida de dois meses. E em relação a isso [pré-natal] nunca tivemos problemas. Recebemos boa atenção no centro de saúde de onde moramos. Nunca reclamei da minha saúde e, apesar de tudo, tive um bom parto. Mas houve negligência médica. Porque não me deixaram dar à luz na sala de pós-parto. Tiveram que me levar à sala de partos. Quando me levaram lá, o tempo do meu filho já havia passado e ele nasceu completamente morto. Foi difícil, meu filho já estava saindo. Sua cabeça já estava fora. Perdeu todo o oxigênio. Passaram oito minutos. Onze minutos. E não reagia, não chorava. Oramos. Minha sogra orou. Estávamos todos orando e foi por isso que ele voltou a viver. Foi como um milagre dos céus.' (Sheylimar, 17 de julho de 2021, Manaus, Brasil)

'*Vine aquí embarazada de dos meses. Y por esa parte nunca tuvimos problema. Tenemos buena atención en el centro de salud donde vivimos. Nunca me he quejado de mi salud. De todos modos, cuando nació mi hijo, fue un buen parto. Pero hubo negligencia médica. Porque no me dejaron dar a luz en la sala de posparto. Me tuvieron que llevar a la sala de partos. Cuando me llevaron allí, el tiempo de mi hijo ya había pasado y nació completamente muerto. Fue difícil y mi hijo estaba saliendo. Su cabeza estaba fuera. Perdió todo su oxígeno. Pasaron ocho minutos. Pasaron 11 minutos. Y siguió sin reaccionar, sin llorar. Oramos. Mi suegra oró. Estábamos todos en oración y fue por eso que volvió a la vida. Fue como un milagro del cielo.*' (Sheylimar, 17 de julio de 2021, Manaos, Brasil)

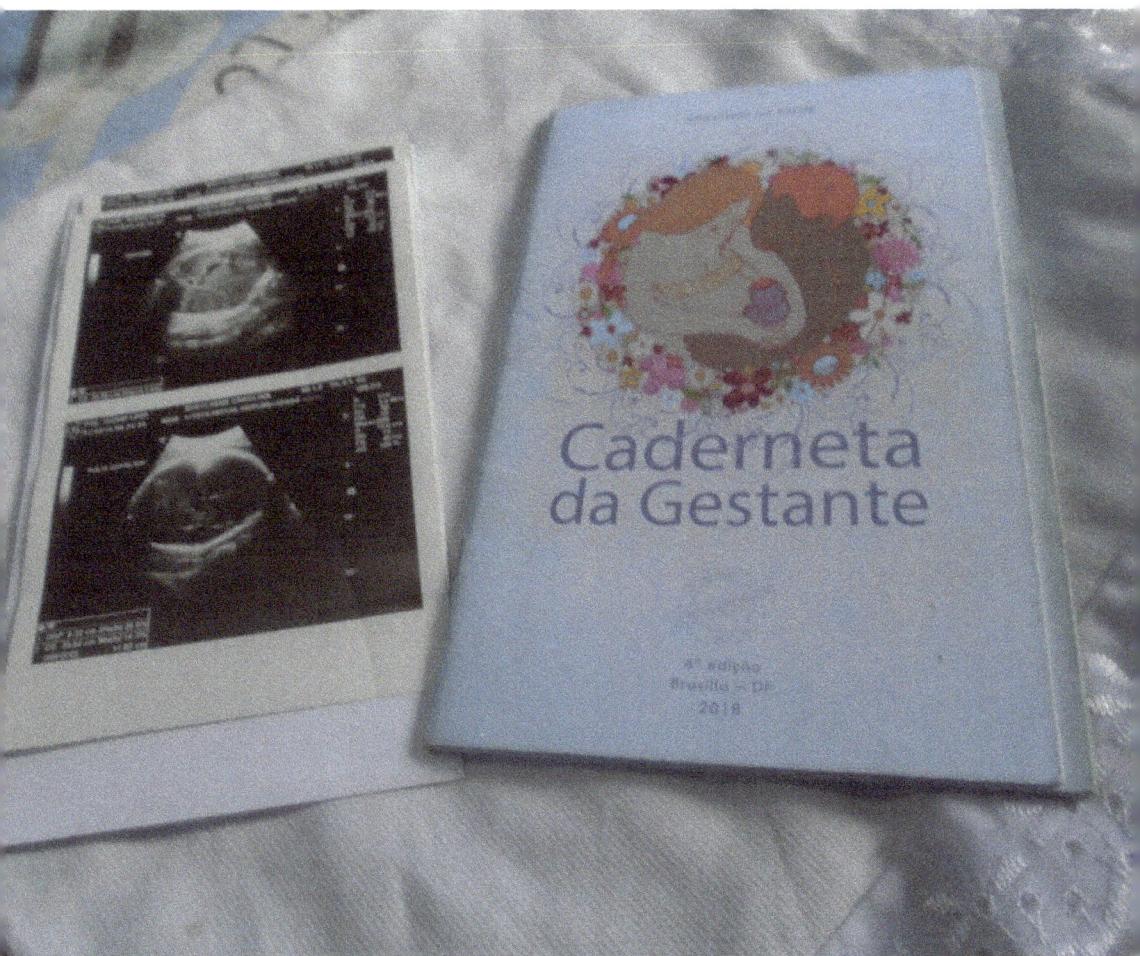

'Gravidez, fonte da vida' por Sheylimar. Julho de 2021.
Manaus, Brasil

*'Embarazo, fuente de vida' por Sheylimar. Julio de 2021.
Manaos, Brasil.*

O processo de acessar serviços de saúde sexual e reprodutiva no Brasil, como mulher ou adolescente migrante venezuelana, parece ser uma experiência complexa e contraditória. As fotografias e depoimentos neste livro demonstram que nacionalidade, status migratório, idade e gênero são fatores importantes no que tange às percepções e experiências nos serviços de saúde, especialmente em relação a atendimento apropriado e disponibilidade de serviços. As mulheres explicaram que há algumas barreiras específicas nas interações sociais cotidianas que impactam negativamente a percepção de quem têm direito à saúde e acesso aos serviços de saúde.

Uma vez no Brasil, mulheres e adolescentes migrantes encontram um sistema baseado nos direitos humanos que provê acesso gratuito a serviços de saúde para todos, como um direito constitucional, e que formalmente não faz nenhuma distinção na provisão de serviços a nacionais e não-nacionais. Entretanto, na prática, o nível de acesso de migrantes depende da informação que recebem, nas condições criadas pelas instituições que os recebem, e como os próprios serviços de saúde facilitam o acesso a serviços. Muitas mulheres descreveram que há lacunas na provisão e qualidade de serviços no que se refere à obtenção de consultas, aos tempos excessivamente longos na espera por serviços, ao tratamento rude que recebem, ou devido a diagnósticos incorretos. Elas atribuíram essa realidade às suas identidades de migrantes venezuelanas.

Relativismo cultural e falta de sensibilidade referente a maneira como a saúde é concebida e praticada afetam a possibilidade de adequação dos sistemas de saúde existentes para trazer melhorias reais ao bem-estar de todas as mulheres e adolescentes, particularmente migrantes de grupos étnicos minoritários. Essa diferença se manifesta como uma dinâmica de resistência, ou mesmo negação, a serviços de saúde que sejam culturalmente sensíveis. Entretanto, algumas mulheres parecem relutantes em reclamar do sistema de saúde no Brasil, talvez devido ao fato de que elas fazem frequentes comparações entre suas experiências nos sistemas de saúde

El proceso de acceso a servicios de salud sexual y reproductiva en Brasil como mujer o adolescente venezolana migrante parece ser una experiencia compleja y contradictoria. Las fotografías y testimonios de este libro demuestran que la nacionalidad, el estatus legal, la edad y el género son factores importantes tanto en lo que respecta a las percepciones como a las experiencias de disponibilidad y adecuación de los tratamientos y servicios de salud. Las mujeres describieron barreras específicas que surgieron en las interacciones sociales cotidianas, así como prácticas que afectaron negativamente su sentido del derecho a la salud y los servicios de atención médica.

Una vez en Brasil, las mujeres y niñas migrantes se encuentran con un sistema que brinda acceso a la salud gratuita para todos como un derecho constitucional y que formalmente no hace ninguna distinción en la prestación de servicios para nacionales y no nacionales. Sin embargo, en la práctica, el nivel de acceso de las personas migrantes depende de la información que reciben, las condiciones creadas por las instituciones que las acogen y cómo los servicios de salud facilitan la prestación de servicios. Varias mujeres describieron brechas en términos de no poder obtener citas, largos tiempos de espera, trato grosero o diagnósticos incorrectos. Lo atribuyeron a sus identidades como migrantes venezolanas.

La relatividad cultural y la falta de sensibilidad en términos de cómo se concibe y practica la salud afectan la capacidad o la adecuación de los sistemas de salud existentes para lograr mejoras reales en el bienestar de todas las mujeres y niñas, en particular, las migrantes de grupos étnicos minoritarios. Esta diferencia se manifiesta como una dinámica de resistencia, o incluso negación de una atención médica culturalmente sensible. No obstante, algunas mujeres parecen reacias a quejarse del sistema de salud en Brasil, quizás porque hacen comparaciones frecuentes entre sus experiencias en Brasil y los sistemas de salud maltratados en Venezuela, porque no se sienten cómodas exigiendo su derecho a

brasileiro e venezuelano; ou porque elas ficam desconfortáveis de demandar seu direito a um tratamento médico de qualidade, ou não sabem que podem fazê-lo.

A combinação das diferenças culturais e das barreiras linguísticas contribuem para que haja maiores desafios de acessibilidade, incompreensão cultural e impedimentos burocráticos, e podem se tornar fontes de discriminação. Muitas mulheres Warao, por exemplo, não falam espanhol ou português e dependem de parentes do sexo masculino para traduzir (ACNUR, 2021). As barreiras linguísticas também podem afetar as mulheres não indígenas, especialmente em momentos de alto estresse, incluindo emergências médicas, ou durante o trabalho de parto ou nos cuidados pós-natal. As consequências da falta de informações e serviços social e culturalmente sensíveis podem afetar a capacidade de todas as migrantes de procurar e aceitar cuidados de saúde.

O problema linguístico é ainda uma grande barreira para mulheres migrantes poderem acessar apoio psicológico e serviços para lidar com seus traumas. Muitas mulheres e adolescentes que migraram forçosamente experienciaram trauma, muitas vezes devido à abuso sexual e violência de gênero. Para muitas, esses traumas são profundos e ainda estão muito frescos. As barreiras linguísticas e a falta de confiança são mais um impedimento para receber esta ajuda. Uma adolescente migrante venezuelana lamentou:

'Durante todo esse tempo eu quis falar com alguém e desabafar, mas não foi possível. Eu não confio em ninguém. Quando você fala com alguém, como os funcionários que trabalham aqui, no próximo dia todo mundo sabe o que você disse.' (Anônima, 16 de outubro de 2021, Manaus, Brasil)

No âmbito do sistema de saúde e dentro dos abrigos, mulheres e adolescentes migrantes não têm espaços seguros onde possam compartilhar suas experiências e receber

un tratamiento médico justo o desconocen que pueden hacerlo.

Las diferencias culturales y las barreras lingüísticas agravadas contribuyen a los desafíos de accesibilidad, comprensión cultural e impedimentos burocráticos y pueden convertirse en fuentes de discriminación percibida y efectiva. Muchas mujeres Warao, por ejemplo, no hablan español ni portugués y dependen de parientes masculinos para traducir (ACNUR, 2021). Las barreras del idioma también pueden afectar a las mujeres no indígenas, especialmente en momentos de gran estrés, como emergencias médicas o experiencias durante el trabajo de parto, el parto y la atención posnatal. Las consecuencias de la falta de información y servicios social y culturalmente receptivos pueden afectar la capacidad de las personas migrantes para buscar y aceptar atención médica.

La cuestión del idioma también es una barrera importante en cuanto al acceso de las migrantes al apoyo psicológico y a los servicios para reparar el trauma. Muchas mujeres y niñas desplazadas por la fuerza experimentan traumas, a menudo debido al abuso sexual y la violencia de género. Para muchas, la experiencia permanece profundamente arraigada y cruda. Las barreras del idioma y la falta de confianza son un impedimento adicional para recibir ayuda apropiada. Una adolescente migrante venezolana se lamentó:

'Todo este tiempo he querido hablar con alguien y desahogarme, pero no ha sido posible. No confío en nadie. Cuando hablas con alguien, con el personal que trabaja aquí, al día siguiente todos lo saben.' (Anónima, 16 de octubre de 2021, Manaos, Brasil)

Dentro del sistema de salud y en los albergues, las mujeres y las adolescentes migrantes carecen de espacios seguros para compartir sus experiencias y recibir apoyo psicológico. Se quedan sin apoyo

apoio psicológico. Elas são deixadas sem o suporte devido para entender os serviços de saúde mental disponíveis neste novo país, e sem os meios com os quais poderiam lidar com seu trauma. Há casos relatados de descontinuidade em serviços de suporte mental e psicológico, mesmo em situações de emergência. Por exemplo, Briyis contou que tanto ela, quanto sua filha, foram vítimas de violência sexual durante o deslocamento, e mesmo quando elas receberam a visita de um psicólogo no abrigo, este apoio foi descontinuado.

'Minha filha tinha apoio psicológico aqui no abrigo. Mas o psicólogo parou de vir. Eu não sei se ele vai retornar. Isso é algo que afetou psicologicamente distintas áreas de sua vida.' (Briyis, 02 de outubro de 2021, Manaus, Brasil)

Populações de migrantes indígenas enfrentam uma barreira particular no que se refere ao exercício do direito à saúde e à obtenção de serviços de saúde que lhes sejam apropriados e acessíveis. É uma das maiores necessidades da comunidade migrante Warao. Diversos fatores estruturais impactam o acesso das comunidades Warao aos serviços de saúde na Venezuela. Por exemplo, os locais remotos das comunidades Warao na Venezuela implicam um acesso difícil a hospitais adequados. Principalmente, ao se levar em conta que o acesso hospitalar está cada vez mais reduzido naquele país, e também considerando que o combustível para o transporte fluvial, do qual os Warao são dependentes, é escasso e cada vez mais caro. Consequentemente, crianças migrantes estão em situação de desnutrição, mulheres grávidas dificilmente fazem acompanhamento médico, e migrantes Warao de todas as idades sofrem com problemas respiratórios, tais como tuberculose e pneumonia, os quais são a causa mais comum de morte nessa comunidade (Rosa, 2020).

As necessidades em saúde das mulheres Warao também se diferenciam devido às suas especificidades culturais. Como descrito

para navegar por los servicios de salud mental en un nuevo país y sin medios para lidiar con su trauma. También se reportan casos de discontinuidad en el apoyo psicológico y de salud mental, incluso en situaciones de emergencia. Por ejemplo, Briyis relató que tanto ella como su hija sufrieron violencia sexual en el desplazamiento, y aunque fueron visitadas por una psicóloga en el albergue, esta atención fue descontinuada.

'Mi hija tuvo apoyo psicológico aquí en el albergue, pero el psicólogo dejó de venir. No sé si volverá en otro momento, pero esto es algo que la ha afectado psicológicamente en muchas áreas de su vida.' (Briyis, 02 de octubre de 2021, Manaos, Brasil)

Las poblaciones indígenas desplazadas enfrentan una barrera particular para acceder a una atención médica adecuada y al ejercicio del derecho a la salud. Esta es una de las principales necesidades de la comunidad Warao. Varios factores estructurales impactan en el acceso a la salud de las comunidades Warao en Venezuela. Por ejemplo, la ubicación remota de varias aldeas Warao significa que es difícil acceder a hospitales adecuados, especialmente cuando el combustible para los barcos de los que dependen para el transporte es escaso y cada vez más caro. Como consecuencia, hay desnutrición entre niños y niñas migrantes, las mujeres embarazadas apenas ven médicos y los migrantes Warao de todas las edades sufren problemas respiratorios como tuberculosis y neumonía, que son la causa más común de muerte entre la comunidad Warao (Rosa, 2020).

Las necesidades de atención médica de las mujeres Warao también varían debido a las especificidades culturales. Como se describe en el Capítulo 1, la alimentación es fundamental para la salud sexual y reproductiva de las mujeres Warao. Los alimentos tradicionales específicos

no Capítulo 1, a alimentação é central para a saúde sexual e reprodutiva de mulheres Warao. Alimentos tradicionais específicos ajudam mulheres Warao a lidarem com as dores do pós-parto e a produzirem leite durante a amamentação. Alimentos tradicionais também se relacionam com os ciclos reprodutivos e menstruais das mulheres Warao. Como explicado por Geysy Rodriguez[6]:

'[Mulheres indígenas Warao] têm uma forte conexão com sua alimentação. Elas atribuem qualquer dor ou dano à sua saúde à alimentação. Por exemplo, mulheres Warao não podem comer carne vermelha enquanto estão amamentando ou quando estão menstruadas. Seus corpos não conseguem processar carne vermelha porque essa comida tem sangue'. (Geysy Rodriguez, 15 de agosto de 2021, Manaus, Brasil)

A falta de nutrição culturalmente adequada está relacionada à gravidez de risco na comunidade Warao e às dificuldades de amamentar e menstruar (Rosa, 2010: 107–108,111; Freire, 2011). Migrantes Warao estão morrendo em altas taxas no Brasil (Rosa, 2020:307) e a falta de tentativas para se sobrepor às barreiras culturais existentes e reparar essa situação a fim de assegurar que as migrantes Warao tenham acesso integral ao seu direito à saúde é um grande problema que demanda atenção urgente. O provimento de alimentos culturalmente adequados é parte essencial de assegurar os direitos sexuais e reprodutivos de mulheres indígenas migrantes.

Além disso, profissionais de saúde no Brasil e a comunidade Warao têm concepções distintas no que tange ao conceito de 'direito à saúde'. Para a comunidade Warao, considerações religiosas e culturais, bem como a composição da família e a estrutura comunitária, determinam o que entendem por saúde, quem deve prover os serviços de saúde e como. Atenção médica

ayudan a las mujeres Warao a lidiar con los dolores del parto y posparto y a producir leche para amamantar. La comida tradicional también se correlaciona con los ciclos menstruales y reproductivos de las mujeres Warao. Por ejemplo, como explicó Geysy Rodríguez[6]:

'[Las mujeres indígenas Warao] tienen una conexión muy fuerte con la comida. Las mujeres atribuyen cualquier dolor o daño a su salud a la alimentación. Por ejemplo, las mujeres Warao no pueden comer carne roja mientras amamantan o cuando tienen el período. Su cuerpo no puede tener carne roja porque de él sale otra sangre.' (15 de agosto de 2021, Manaos, Brasil)

La falta de una alimentación digna y culturalmente específica está relacionada con embarazos de alto riesgo entre las mujeres Warao y dificultades con la lactancia y la menstruación (Rosa, 2010: 107–108,111; Freire, 2011). Los migrantes Warao se están muriendo en altas tasas en Brasil (Rosa, 2020: 307) y la falta de intentos de superar las barreras culturales existentes para corregir esta situación y garantizar que tengan pleno acceso a su derecho a la salud es un problema importante que exige atención urgente. Proporcionar alimentos culturalmente sensibles en los albergues es una parte esencial de la defensa de los derechos sexuales y reproductivos de las mujeres indígenas migrantes.

Esto se relaciona con otra barrera: los profesionales de la salud en Brasil y la comunidad Warao tienen diferentes interpretaciones de lo que significa el 'derecho a la salud'. Para la comunidad Warao, las consideraciones religiosas y culturales, así como la composición de la estructura familiar y comunitaria, determinan su comprensión de la salud, quién brinda atención médica y cómo. La atención médica y de salud para las poblaciones indígenas debe responder y adaptarse a

e serviços de saúde para populações indígenas devem, portanto, serem adaptados ao seus contextos socioculturais e às suas percepções de saúde e de enfermidades, tendo em vista que esses conceitos são variáveis, e dependem de padrões religiosos e culturais, crenças e preferências.

Para além das diferenças culturais e linguísticas, experiências de discriminação são bastante comuns entre mulheres e adolescentes migrantes em diferentes espaços públicos, incluindo os serviços de saúde e o tratamento ali recebido. A violência no sistema de saúde vem de diferentes formas, e demonstra a discriminação institucional e interpessoal no sistema de saúde no Brasil. Isso pode ser expresso através de falta de sensibilidade, de empatia, de explicação sobre as etapas dos tratamentos aos quais as mulheres vão passar, bem como a negação ou diminuição das dores e problemas de saúde reportados por mulheres e adolescentes migrantes.

A discriminação também pode ser manifestada como violência obstétrica, se interrelacionando com 'violência institucional e de gênero' (Gil, 2017). A violência obstétrica fica ainda evidente nas experiências de muitas mulheres migrantes venezuelanas e enfatizam a influência de diversas formas de discriminação, tais como racismo, sexismo e preconceito social, as quais frequentemente afetam tanto migrantes quanto não-migrantes (Do Carmo Leal, 2017).

Muito embora violência obstétrica seja reconhecida pela lei venezuelana desde 2014, o termo, as causas, e a severidade da violência obstétrica ainda são contestados (Leite et al., 2022). No caso das migrantes venezuelanas, algumas participantes que deram à luz no Brasil disseram que foram vítimas de um sério tratamento negligente e desumano. Similar ao que sofrem mulheres negras no Brasil, os médicos parecem fazer com que mulheres migrantes venezuelanas passem dor por períodos mais longos e suas reclamações geralmente são diminuídas ou negadas, sem a correspondente provisão de analgésicos ou outros suportes médicos apropriados (Do Carmo Leal et al., 2017).

su contexto sociocultural y su percepción de la salud y la enfermedad, ya que esto puede variar según sus religiones y patrones culturales, creencias y preferencias.

Más allá de las diferencias culturales y lingüísticas, las experiencias de discriminación son demasiado comunes para las mujeres y niñas migrantes en diferentes espacios públicos, incluidos los servicios y el tratamiento de la salud. La violencia en el sistema de salud se presenta de muchas formas y demuestra la discriminación antimigrante institucional e interpersonal en los servicios de salud en Brasil. Esto puede expresarse a través de la falta de sensibilidad, falta de empatía, falta de explicación de los procesos y desestimación de los dolores y problemas de las mujeres y niñas migrantes.

La discriminación también puede manifestarse como violencia obstétrica, entrelazando 'violencia de género e institucional' (Gil, 2017). La violencia obstétrica es evidente en las experiencias de muchas migrantes venezolanas y enfatiza el papel de las características interseccionales como el racismo, el sexismo y los prejuicios sociales, que a menudo afectan tanto a las migrantes como a las no migrantes (Do Carmo Leal, 2017).

Si bien la violencia obstétrica está reconocida en la legislación venezolana desde 2014, en Brasil se cuestiona el término, sus causas e incluso su gravedad (Leite et al., 2022). En el caso de las migrantes venezolanas, algunas participantes que dieron a luz en Brasil relataron un grave trato negligente y deshumanizado. Al igual que las mujeres negras en Brasil, los médicos parecen hacer que las mujeres venezolanas soporten más dolor durante más tiempo y sus quejas con frecuencia son desestimadas sin la provisión de los analgésicos correspondientes u otro apoyo médico adecuado (Do Carmo Leal, et al., 2017).

À SSR DE MULHERES E ADOLESCENTES MIGRANTES VENEZUELANAS E CONSEQUÊNCIAS

DISCRIMINAÇÃO

Impactos no Comportamento de Busca por Serviços de Saúde; Violência Obstétrica; Violência Institucional e Interpessoal; Estigmatização; Stress Psicológico

BARREIRAS INSTITUCIONAIS

Treinamento de Profissionais de Saúde Desadequado e Sem Sensibilidade com População Migrante; Práticas Discriminatórias; Falta de Suporte e Políticas Sensíveis às Necessidades da População LGBT+ Migrante; Interrupção Tratamentos Físicos e Psicológicos; Instalações Limitadas para Cuidado à Crianças; Falta de Disponibilidade de Produtos de Higiene Menstrual; Falta de Espaços Seguros; Mecanismos Inadequados para Feedback; Burocracia

POBREZA

Restrição de Escolhas; Situação de Rua; Sexo Transacional ou para Sobrevivência; Exploração Laboral e Sexual; Tráfico de Mulheres; Possibilidade Restritas de Executar Tarefas de Cuidado; Condições Financeiras para Acessar Saúde (Remédios, Transporte)

IDIOMA

Dificuldade de Acesso a Serviços de Saúde e/ou Inacessibilidade; Falta de Compreensão em Tratamentos de Saúde; Discriminação; Dependência; "Falta de Voz"

INSENSIBILIDADE CULTURAL

Discriminação; Violência Institucional e Obstétrica; Separação Familiar Involuntária; Falta de Remédios e Nutrição Tradicionais; Saúde Materno-Infantil Inadequada

TRABALHO INFORMAL & PRECÁRIO

Violência Baseada em Gênero; Insegurança com Base no Gênero e Sexualidade; Assédio; Falta de Acesso a Serviços; Falta de Direitos Trabalhistas; Falta de Rede de Segurança; Exploração Laboral e Sexual; Desemprego; Exaustão e Esgotamento Mental e Físico

STATUS MIGRATÓRIO/ MODALIDADE DE DESLOCAMENTO

Discriminação; Estigmatização; Retorno Forçado; Violência Baseada em Gênero; Riscos em SSR; Gravidezes Indesejadas; Acesso Limitado a Serviços de Saúde; Violência Institucional; Separação Involuntária de Famílias; Falta de Informação em Saúde Sexual e Reprodutiva e Serviços Correspondentes

RESPONSABILIDADE EXCLUSIVA DE CUIDADO

Violência com Base em Gênero; Assédio; Abuso; Tempo Limitado para Buscar Serviços de Saúde; Repriorização de Necessidades; Estigmatização

FALTA DE INFORMAÇÃO

Acesso Limitado a Serviços de Saúde Adequados; Contraceptivos; Produtos de Saúde Menstrual; Continuidade de Tratamentos e Atenção em SSR; Habilidade Limitada de Buscar e Acessar Serviços de Saúde e Documentação

---

(NÃO ATENDIDAS) NECESIDADES SSR

PAÍS DE ORIGEM
- Remédio
- Kits de Higiene Menstrual
- Tratamento Hospitalar
- Nutrição
- Acesso à Serviços de Saúde em Geral
- Proteção Contra Violência de Gênero
- Métodos Contraceptivos
- Tratamento e Prevenção de ISTS E HIV/AIDS
- Saúde Materno-Infantil

TRANSITO
- Nutrição e Água Tratada
- Serviços de Higiene e Saneamento Básico
- Métodos Contraceptivos
- Proteção Contra e Prevenção de Exploração Sexual
- Tratamento e Prevenção de ISTS E HIV/AIDS
- Saúde Materno-Infantil
- Suporte Psicológico e em Relação a Traumas

PAÍS DE CHEGADA
- Tratamento e Atenção em Saúde Após a Exposição à Violência Sexual e/ou de Gênero, e Apoio e Suporte Psicológico
- Prevenção e Tratamento de ISTS e Outras Infecções
- Planejamento Familiar
- Continuidade da Atenção em Saúde em Geral
- Acesso a Diagnósticos Laboratoriais em SSR
- Acesso a Terapia Psicológica e Suporte Emocional
- Espaços De Acolhimento Semi-permanentes e Temporários que Sejam Sensíveis às Necessidades da População LGBT+
- Saúde Menstrual e Condições de Higiene na Chegada, em Abrigos, e Serviços de Saúde Disponíveis
- Privacidade em Abrigos
- Espaços Seguros para Falar Sobre SSR e Direitos em SSR, Além de Violência de Gênero
- Serviços de SSR Culturalmente Sensíveis
- Acesso a Nutrição Apropriada
- Informação e Acesso a Serviços de Aborto Legal e Apoio Pós-Aborto

BARRERAS DE ACCESO A LOS SERVICIOS DE SSR Y DERECHOS Y CONSECUENCIAS

DISCRIMINACIÓN

Afecta la búsqueda y solicitud de atención; violencia obstétrica; violencia institucional e interpersonal; estigma; estrés psicológico

FACTORES INSTITUCIONALES

Profesional de salud inapropiado y insensible; prácticas discriminatorias; carencia de políticas apropiadas para población LGBTIA+; tratamientos físicos y psicológicos interrumpidos; falta de políticas de cuidados; carencia de disponibilidad de productos menstruales; carencia de espacios seguros; mecanismo inadecuado de retroalimentación; burocracia

POBREZA

Opciones restringidas; desamparo; sexo transaccional/ de sobrevivencia; explotación; tráfico; limitada provisión de cuidados; asequibilidad a salud (medicinas, transporte)

IDIOMA

Carencia de acceso a servicios de salud; mal entendimiento del tratamiento; discriminación; dependencia; falta voz

IDIOMA POBREZA

Discriminación; violencia institucional y obstétrica; separación familiar; carencia de medicina y comida tradicional; cuidado de salud infantil y maternal inadecuado

TRABAJO PRECARIO E INFORMAL

VBG; inseguridad de género; acoso; carencia de acceso a servicios; carencia de derechos de trabajo; carencia de red de seguridad; explotación laboral & sexual; desempleo; depleción; agotamiento mental y físico

SITUACIÓN LEGAL/ MODALIDAD DE VIAJE

Discriminación; estigma; deportación; VBG; riesgos SSRH; embarazos no deseados; acceso limitado a servicios de salud adecuados; violencia institucional; separación familiar; carencia de información en servicios de SRH

CUIDADO EXCLUSIVO

Violencia de género; acoso; abuso; tiempo limitado para buscar cuidado de salud; repriorización de necesidades; estigma

CARENCIA DE INFORMACIÓN

Acceso limitado a servicios de salud adecuados; anticonceptivos; productos de higiene menstrual; continuidad de tratamiento; limitación para buscar y alcanzar cuidado de salud y documentación

NECESIDADES SSR (INCUMPLIDAS)

CUIDAD DE ORIGEN	TRÁNSITO	CUIDAD DE RESIDENCIA
• Medicamentos	• Nutrición y agua	• Condiciones de higiene y salud
• Kits menstruales	• Servicios de sanidad e higiene	Menstrual de ingreso, en
• Cuidado de hospital	• Anticonceptivos	Refugio, y en servicios de
• Nutrición	• Protección y prevención de	salud
• Servicios de cuidados generales	Explotación sexual	• Disponibles
• Protección en contra de la	• Tratamiento y prevención de	• Privacidad en refugios
Violencia de género	ITS y VIH	• Espacios seguros para hablar
• Anticonceptivos	• Cuidado de salud maternal y de	Acerca de SSR y violencia de
• Tratamiento y prevención de	Niños	Género
ITS y VIH	• Apoyo psicológico y de trauma	• Servicios SRH culturalmente
• Cuidado de salud materno-infantil	• Tratamiento de	Sensibles
	post-exposición	• Acceso apropiado a nutrición
	a Violencia sexual	y
	y Apoyo psicológico y de	Comida
	cuidado	• Servicios de aborto seguros y
	• Prevención y tratamiento de	Cuidado post-aborto
	ITS y	
	Otras infecciones	
	• Continuidad del tratamiento	
	• Organización familiar	
	• Acceso a laboratorio y	
	Diagnósticos	
	• Acceso a consejo y apoyo	
	Psicológico y emocional	

Melhoria do acesso à saúde sexual e reprodutiva

Mejorar el acceso a la salud sexual y reproductiva

Todas as pessoas merecem o direito de ter acesso a serviços de saúde de qualidade e dignos. Políticas e mecanismos, portanto, precisam assegurar que mulheres migrantes não são uma exceção. O direito à saúde, incluindo a saúde sexual e reprodutiva, é protegido por diversos tratados internacionais de direitos humanos e direitos presentes em constituições nacionais, que obrigam os Estados e autoridades de saúde a respeitar e garantir este direito sem discriminação.[7] Entretanto, os migrantes enfrentam uma série de desafios que prejudicam suas necessidades e direitos de saúde sexual e reprodutiva, incluindo acesso desproporcionalmente limitado à contracepção e interrupção da gravidez. As fotos e depoimentos demonstrados neste livro revelam que é preciso fazer mais para garantir que migrantes indocumentadas possam obter informação sobre como acessar, oportunamente, os serviços de saúde para si e para outras pessoas sob seus cuidados.

Em geral, esforços precisam ser feitos para enfrentar, na prática, os determinantes sociais, culturais, econômicos e legais da saúde, ao mesmo tempo em que se faz necessário o fortalecimento dos sistemas de saúde para dar um apoio apropriado e acessível a fim de melhorar a saúde física e mental de mulheres e meninas migrantes.

É preciso fazer mais para assegurar que mulheres e adolescentes migrantes sejam informadas e educadas sobre toda a gama de opções contraceptivas disponíveis e também do seu direito de escolher e trocar contraceptivos que não funcionam adequadamente para os seus corpos. Métodos contraceptivos devem ser gratuitos e estar disponíveis em lugares tais como os abrigos para migrantes. É responsabilidade dos serviços de saúde assegurar que informação clara e correta sobre contracepção (inclusive a contracepção de emergência), infecções sexualmente transmissíveis, e planejamento

Todos y todas merecemos el derecho a una salud digna y de calidad. Por lo tanto, las políticas y los mecanismos de implementación deben garantizar que las mujeres migrantes no sean una excepción. El derecho a la salud, incluida la salud sexual y reproductiva, está protegido por varios tratados internacionales de derechos humanos y derechos constitucionales nacionales, que obligan a los Estados y autoridades sanitarias a respetar y garantizar este derecho sin discriminación.[7] No obstante, como hemos visto, muchas migrantes enfrentan una serie de desafíos que socavan sus necesidades y derechos de salud sexual y reproductiva, incluido el acceso desproporcionadamente limitado a la anticoncepción y la interrupción del embarazo. Estas fotos y estos testimonios muestran que se necesita hacer más para garantizar que las personas migrantes que no tienen documentos o prueba de identidad puedan obtener información sobre cómo acceder a una atención médica oportuna para ellas o para otras personas bajo su cuidado.

En general, se deben realizar esfuerzos para abordar los determinantes sociales, culturales, económicos y legales de la salud en la práctica, al tiempo que se fortalezcan los servicios de salud para responder con una atención adecuada y accesible que pueda mejorar la salud física y mental de las mujeres y niñas migrantes.

Se debe hacer más para garantizar que las mujeres y las adolescentes estén informadas y educadas sobre la gama completa de opciones anticonceptivas disponibles para ellas y su derecho a elegir y a cambiar de métodos anticonceptivos si no son adecuados para su cuerpo. Los métodos anticonceptivos deben ser gratuitos y deben estar disponibles en lugares como los refugios para migrantes. Es responsabilidad de los servicios de salud asegurarse de que información clara y precisa sobre la anticoncepción,

familiar chegue às mulheres e adolescentes migrantes. Mecanismos de feedback sobre o uso e escolha de contraceptivos são necessários para uma atenção mais sustentável em relação à saúde reprodutiva das migrantes.

Devem existir políticas de saúde de curto e longo prazo para disponibilizar ações contra infecções sexualmente transmissíveis, que vão além das atuais ações imediatas. O acesso a serviços de saúde mental e de apoio ao bem-estar de mulheres migrantes de alta qualidade, apropriados, seguros e sensíveis às questões de gênero e à idade, e que apoiem mulheres no que se refere ao seus traumas de saúde sexual e reprodutiva, seria um passo fundamental para garantir que mulheres e adolescentes deslocadas tenham uma vida plena e feliz (bem como vivenciando seus direitos humanos). As mulheres e meninas migrantes também devem ter espaços para socializar e compartilhar experiências, principalmente aquelas que passam por situações traumáticas.

A informação sobre o direito ao aborto legal e seguro também deve ser disponibilizada no caso de violência sexual e estupro. Informação em regiões de fronteira, em abrigos, e através de redes apropriadas deve ser de fácil acesso e em linguagem acessível. Essa informação deve ser sensível às questões linguísticas, culturais e apropriada à idade. Deve também descrever os direitos de acesso à saúde para migrantes, sua gratuidade, disponibilidade, localização e horas de serviço – independentemente do status migratório.

Mulheres e adolescentes migrantes também devem ter o apoio para administrar seus ciclos menstruais de maneira mais fácil. Abrigos deveriam fornecer uma variedade de roupas íntimas limpas e adequadas, a fim de dar assistência às muitas mulheres e adolescentes que chegam a esses espaços sem nenhuma ou poucas roupas e itens pessoais, inclusive os produtos de higiene menstrual. Os abrigos devem também prover kits de primeiros-socorros e informação apropriada à idade a fim de

incluida la anticoncepción de emergencia, infecciones de transmisión sexual y planificación familiar, llegue a las mujeres y las adolescentes migrantes. Se necesitan mecanismos de retroalimentación sobre el uso y la elección de los anticonceptivos para garantizar una atención más sostenida sobre la salud reproductiva de las personas migrantes.

Las políticas deben ser a corto y a largo plazo, yendo más allá de la provisión de una acción inmediata. También es necesario que haya acceso a servicios de apoyo a la salud mental y al bienestar apropiados, seguros, que sean de alta calidad, tengan en cuenta el género y la edad y apoyen a las mujeres a superar el trauma sexual y reproductivo. Esto sería un paso importante para garantizar que las mujeres y niñas desplazadas vivan vidas plenas y felices (y que se respeten sus derechos humanos) Otro servicio que el Estado debe proveer es el espacio para socializar y compartir experiencias, en particular para quienes viven en situaciones traumáticas.

También se debe brindar información sobre el derecho de las mujeres a acceder al aborto legal y seguro en caso de violación y violencia sexual. La información en las fronteras, en los refugios y a través de las redes apropiadas debe ser accesible y de fácil acceso. Debe ser sensible al idioma y la cultura, así como apropiada para la edad, y debe describir los derechos a la atención médica para las migrantes y la gratuidad, disponibilidad, ubicación y horario de los servicios en los diferentes niveles de atención, independientemente del estado migratorio.

Se debe facilitar el manejo de la menstruación para las mujeres y las niñas. Los refugios deben ofrecer una variedad de ropa interior adecuada y limpia para ayudar a las muchas mujeres y niñas que llegan allí sin posesiones o con posesiones limitadas, incluidos productos menstruales. Los albergues también deben tener botiquines de primeros auxilios e información adecuada a la edad para dar a las mujeres y niñas migrantes

fornecer às mulheres e adolescentes migrantes mais independência para lidar com questões de saúde cotidiana, além de proporcionarem meios para elas gerenciarem, individualmente, cólicas e dores menstruais. Os abrigos devem garantir o acesso adequado a condições higiênicas para que mulheres e meninas se sintam confortáveis e seguras ao lidar com sua higiene menstrual.

Os formuladores de políticas públicas devem garantir que atitudes e práticas racistas e discriminatórias sejam combatidas para que as migrantes não sejam expostas a riscos desproporcionais de violência sexual e reprodutiva, incluindo violência obstétrica. Eles devem ainda reconhecer a existência e a gravidade da violência obstétrica para todas as mulheres – um fenômeno que coloca em risco grave o bem-estar, a saúde e a vida de mulheres e crianças. A fim de humanizar a prestação de cuidados de saúde, entender e melhorar a abordagem da dor das mulheres migrantes e também implementar melhorias nas diretrizes já existentes, é necessário formar profissionais de saúde em cursos sobre antirracismo, igualdade e diversidade, com foco em atitudes xenofóbicas contra migrantes. É importante que haja mecanismos para monitorar o cumprimento dessas políticas, a fim de garantir que o treinamento apropriado seja oferecido às autoridades de saúde e funcionários administrativos e operacionais nas instituições de saúde. Orientação e treinamento específicos devem ser considerados para tornar a experiência de saúde culturalmente sensível, inclusiva e respeitosa para migrantes indígenas.

Finalmente, mulheres e adolescentes migrantes devem ser consultadas e incluídas no que se refere à facilitação de decisões e alocação de recursos que correspondam às necessidades de migrantes em saúde sexual e reprodutiva.

más independencia cuando se ocupan de su propia salud cotidiana, como el control del dolor menstrual. Deben garantizar el acceso adecuado a las condiciones higiénicas para que las mujeres y las niñas se sientan cómodas y seguras en el manejo de su higiene menstrual.

Los responsables de la elaboración de políticas deben garantizar que se eviten y reviertan actitudes y prácticas racistas y discriminatorias para que las migrantes no estén expuestas a un riesgo desproporcionado de violencia sexual y reproductiva, incluida la violencia obstétrica. Deben reconocer la existencia y la gravedad de la violencia obstétrica para todas las mujeres, un fenómeno que pone en grave riesgo el bienestar, la salud y, de hecho, la vida de las mujeres y los infantes. Para humanizar la prestación de servicios de salud, abordar el dolor de las mujeres migrantes e implementar mejores pautas ya existentes es necesario capacitar a los profesionales de la salud en antirracismo, igualdad y diversidad, centrándose en las actitudes antiinmigrantes.

Deben existir mecanismos para monitorear el cumplimiento de estas políticas y para asegurar que se brinde la capacitación adecuada a las autoridades de salud y al personal administrativo y operativo de las instituciones de salud. Se debe considerar la orientación y la capacitación específicas para que la experiencia de la atención médica sea culturalmente sensible, inclusiva y respetuosa para las personas migrantes indígenas.

Finalmente, las mujeres y las niñas deben ser consultadas e incluidas para facilitar la toma de decisiones y la asignación de recursos que correspondan a las necesidades de salud sexual y reproductiva de las personas migrantes.

Conclusões e o caminho a seguir

Conclusiones y camino a seguir

'Aceitação' por Edismar. Julho de 2021. Manaus, Brasil

'Aceptación' por Edismar. Julio de 2021. Manaos, Brasil

Ao longo deste livro, nós tentamos trazer à tona as perspectivas e vozes de mulheres e adolescentes migrantes que compartilharam conosco, através de suas próprias fotografias e palavras, suas vivências. O que compartilhamos aqui são experiências profundamente pessoais, emocionais sobre cuidado e maternidade, violência de gênero, e acesso à saúde de mulheres em movimento.

Diversos tratados de direitos humanos protegem o direito à saúde, inclusive o direito à saúde sexual e reprodutiva, e impõem obrigações aos Estados de respeitar e garantir esses direitos sem discriminação.[8] Além do mais, a saúde sexual e reprodutiva é um elemento central no que se refere ao desenvolvimento internacional da agenda dos Objetivos de Desenvolvimento Sustentável (ODSs) das Nações Unidas, baseado no reconhecimento da conexão entre saúde e pobreza. No entanto, está claro que as experiências de mulheres e adolescentes forçosamente deslocadas estão comumente e inerentemente ligadas a situações de insegurança de gênero e violência que afetam sua saúde mental, física e sexual. Mulheres e meninas migrantes enfrentam diferentes tipos de discriminação com base em sua raça, etnia, idade e status socioeconômico e migratório. Por todas essas razões, a migração forçada é um determinante da saúde, que se entrelaça com outras vulnerabilidades antes e durante a jornada migratória, bem como nas sociedades do país de destino.

Os depoimentos deste livro demonstram como a pobreza, e barreiras para acessar trabalho formal e decente, estão intrinsecamente ligadas às experiências de autocuidado das mulheres durante o deslocamento migratório. De fato, há evidências de desafios cíclicos. De um lado, responsabilidades de cuidado baseadas no gênero motivam as decisões que mulheres fazem em relação a migrar para encontrar trabalho em outro país e, assim, escapar da pobreza. Paralelamente, e especialmente no caso de mães solteiras, no entanto, a falta de apoio em relação às suas responsabilidades de cuidadora impede que estejam hábeis

A lo largo de este libro hemos tenido como objetivo poner en primer plano las perspectivas y voces de las mujeres y niñas migrantes que compartieron con nosotras sus experiencias vividas a través de sus fotografías y sus palabras. Lo que hemos compartido aquí son algunas experiencias profundamente personales, emocionales y encarnadas relacionadas con el cuidado y la maternidad, la violencia de género y el acceso a servicios de salud.

Varios tratados internacionales de derechos humanos protegen el derecho a la salud, incluidos los derechos a la salud sexual y reproductiva, e imponen a los Estados las obligaciones de respetar y garantizar este derecho sin discriminación.[8] Además, la salud sexual y reproductiva es un elemento central de la agenda internacional de desarrollo incluida en los Objetivos de Desarrollo Sostenible (ODS) de las Naciones Unidas, basada en el reconocimiento del vínculo entre salud y pobreza. Sin embargo, está claro que las experiencias de las mujeres y niñas desplazadas de manera forzada están vinculadas inherentemente a situaciones de inseguridad y violencia de género que afectan su salud mental, física y sexual. Las mujeres y niñas migrantes se enfrentan a diferentes ejes de discriminación en función de su raza, etnia, edad y situación socioeconómica y jurídica. Por todas estas razones, la migración forzada es un factor determinante de la salud, lo que implica diversos riesgos de género que se cruzan con otras vulnerabilidades antes y durante el viaje migratorio, así como en las sociedades de acogida.

Los testimonios de este libro muestran cómo la pobreza y las barreras para acceder a un trabajo decente y formal están intrínsecamente vinculadas a las experiencias de cuidado de las mujeres durante el desplazamiento. De hecho, hay evidencia de desafíos cíclicos. Por un lado, las responsabilidades de cuidado motivan las decisiones de las mujeres a la hora de migrar y escapar de la pobreza a través de la búsqueda de empleo en otro país. No obstante, al mismo tiempo y especialmente en el caso de las madres solteras, la falta de apoyo con el cuidado de sus seres queridos y de sí mismas impide

para 'seguir adiante'. Isso leva mulheres e seus filhos a ficarem presos em situações de pobreza e precariedade. Nessas condições desesperadoras, a saúde mental, física e sexual de mulheres e adolescentes migrantes ficam prejudicadas, porque elas frequentemente colocam a si mesmas em último lugar em sua lista de prioridades de cuidado e bem-estar.

As mesmas condições de risco e incerteza causam e intensificam experiências específicas de violência baseada no gênero, enfrentadas por mulheres e adolescentes migrantes. Por exemplo, pobreza, status migratório irregular, e estereótipos racistas e misóginos de mulheres e adolescentes migrantes da Venezuela podem fazer com que elas estejam expostas a crenças e comportamentos sexualmente predatórios. Isso leva à violência sexual e exploração perpetrada contra mulheres antes, durante e depois do processo migratório, especialmente em espaços sem regulação como as *trochas*, ou em locais de trabalho informal. Mulheres e adolescentes também vivenciam violência com base no gênero, e violência doméstica por parte do parceiro íntimo, antes, durante e depois do deslocamento e estão cientes do risco ameaçador de feminicídio. Para mulheres e adolescentes migrantes, a falta de redes de apoio, conhecimento de leis, e acesso a recursos financeiros e a mecanismos de proteção no país de destino, dificultam ainda mais que escapem dessas situações de violência.

Os desafios em relação às responsabilidades de cuidado, autocuidado, e violência, impactam negativamente a saúde de mulheres migrantes, bem como suas oportunidades e possibilidades de buscar acesso à saúde. As dificuldades em suas vidas cotidianas, os maus-tratos e opressão interpessoais e institucionais; as normas sociais patriarcais as quais estão submetidas; e, em alguns casos, os sistemas de justiça, impedem que as mulheres migrantes recebam os cuidados de saúde de que necessitam.

Há relatos positivos de mulheres e adolescentes migrantes no que se refere

su capacidad de 'salir adelante'. Esto puede dejar a las mujeres y a sus hijos e hijas atrapados en la precariedad y la pobreza. En estas condiciones desesperadas, la salud física, sexual y mental de las mujeres sufre porque a menudo se colocan en último lugar en la lista de prioridades para el cuidado y el bienestar.

Las mismas condiciones de riesgo e incertidumbre causan e intensifican experiencias específicas de violencia de género sufridas por mujeres y niñas migrantes. Por ejemplo, la pobreza, el estatus legal irregular y los estereotipos racistas y misóginos que enfrentan las migrantes venezolanas pueden dejarlas expuestas a creencias y comportamientos sexuales depredadores. Esto conduce a la violencia sexual y la explotación perpetradas contra las mujeres antes, durante y después de la migración, especialmente en sitios no regulados como las trochas *o en lugares de trabajo informales. Las mujeres y las niñas también sufren muchas veces violencia íntima y de género por parte de su pareja antes, durante y después de su viaje, y son muy conscientes del siniestro riesgo del femicidio. Para las mujeres y niñas migrantes, la falta de redes de apoyo, conocimiento de las leyes, acceso a recursos financieros y mecanismos de protección en el país de acogida hacen que les sea aún más difícil escapar de situaciones de violencia.*

Estos desafíos para el cuidado, el autocuidado y la violencia afectan negativamente las oportunidades de búsqueda y atención médica de las mujeres migrantes. Sus dificultades en la vida cotidiana, complicadas por el maltrato y la opresión interpersonal e institucional, la exclusión, las normas sociales patriarcales, y en algunos casos los sistemas de justicia, impiden que las mujeres migrantes reciban la atención de salud que necesitan.

Hay relatos positivos de mujeres y niñas migrantes que tuvieron acceso a servicios de salud sexual y reproductiva, y están relativamente satisfechas con la disponibilidad de información sobre la anticoncepción y la planificación familiar en

ao acesso a serviços de saúde sexual e reprodutiva. Elas dizem estar relativamente satisfeitas com a disponibilidade de contraceptivos e informação sobre planejamento familiar, em comparação ao contexto de escassez que viviam na Venezuela. No entanto, também identificamos várias barreiras para se ter acesso ao sistema de saúde, muitas delas relacionadas a experiências e tratamentos discriminatórios ou culturalmente insensíveis – e às vezes violentos – da parte de profissionais de saúde. A atenção médica para adolescentes e mulheres migrantes também fica muito aquém do ideal holístico, preventivo e baseado em direitos. Isso cria um risco significativo para a saúde e o bem-estar das mulheres migrantes e seus filhos. Sem acesso à saúde e com acesso limitado à informação, redes de apoio, e mecanismos de feedback, essas mulheres e adolescentes migrantes não têm como expressar suas necessidades e exigir o cumprimento de seus direitos, para desfrutar de uma vida justa, digna e saudável.

O apelo à religião, e a Deus em particular, fica proeminente nos relatos de mulheres migrantes acerca de sua segurança no deslocamento migratório, especialmente para aquelas que cruzam as fronteiras pelas *trochas*, ou as que enfrentam recorrentes situações de insegurança. Para muitas, a fé em Deus dá significado a situações difíceis e parece preencher o vazio deixado pela falta de políticas estatais em relação à sua proteção. Ao enfrentarem a falta de recursos e desamparo, a fé também traz esperança a muitas pessoas deslocadas. No entanto, ao mesmo tempo que é um mecanismo de enfrentamento e sobrevivência, a fé não pode substituir as obrigações e responsabilidades legais, morais e éticas dos Estados de proteger mulheres e meninas migrantes forçadas.

A migração é um elemento essencial para o crescimento social e econômico de um país. Mulheres e adolescentes migrantes têm um papel importante na promoção desse crescimento. Para fazer isso, no entanto, elas devem ser capazes de se conectar a redes sociais e instituições que possam

comparación con la escasez en Venezuela. Sin embargo, también hemos visto serias barreras de acceso, relacionadas con la discriminación y el tratamiento culturalmente insensible, y a veces violento, por parte de los profesionales de la salud. La atención médica y el acceso a servicios de salud para las migrantes también están muy lejos de ser tan holísticos, preventivos y basados en los recursos como se necesita. Esto crea un riesgo significativo para la salud y el bienestar de las mujeres migrantes y sus hijos. Sin atención médica y con acceso limitado a salud, a información, a redes de apoyo y a mecanismos de retroalimentación y denuncia que permitan a las mujeres y niñas migrantes expresar sus necesidades y reclamar sus derechos, la capacidad de las mujeres y adolescentes migrantes para disfrutar de una vida justa, digna y saludable se ve gravemente obstaculizada.

La apelación a la religión y a Dios en particular, ocupa un lugar destacado en los relatos de las mujeres sobre la protección en el desplazamiento, especialmente aquellas que cruzan las fronteras a través de trochas o enfrentan situaciones y sentimientos de inseguridad recurrentes. Para muchas participantes, la fe en Dios parece llenar el vacío existente en la protección de la política estatal y puede dar sentido a situaciones de riesgo, incluso de peligro y abuso. Frente a la falta de recursos y la impotencia, la fe también trae esperanza a muchas personas desplazadas. Sin embargo, si bien es un mecanismo de afrontamiento y supervivencia, no puede reemplazar las obligaciones legales, morales y éticas de los Estados y las responsabilidades de proteger a las mujeres y niñas migrantes, en particular a las migrantes forzadas, durante todo su viaje y en el lugar de acogida.

La migración es un elemento esencial del crecimiento social y económico nacional. Las mujeres y adolescentes migrantes pueden desempeñar un papel importante en el impulso de ese crecimiento. Para hacerlo, sin embargo, deben poder conectarse con redes sociales e instituciones que puedan proteger y mejorar su seguridad y bienestar. Los desafíos y necesidades de

proteger e melhorar sua segurança e bem-estar. Os desafios e necessidades relatados nas três seções deste livro requerem atenção urgente de governos que desejam levar a sério um desenvolvimento social, político e econômico de maneira sustentável e permanente.

As experiências de mulheres, como descritas neste livro, fornecem informações valiosas para tomadores de decisão e profissionais a fim de reparar as desigualdades em saúde baseadas no gênero, bem como para promover os direitos de mulheres e adolescentes forçosamente deslocadas. É bastante comum que mulheres e adolescentes migrantes sejam vistas como – e infelizmente vejam a si mesmas dessa maneira – a última na lista de prioridades. Políticas de saúde e bem-estar devem reconhecer o valor dessas mulheres e adolescentes migrantes, enquanto merecedoras de empoderamento, proteção e cuidado. Acima de tudo, formuladores de políticas públicas devem prestar atenção às experiências dessas mulheres porque todas as mulheres e meninas migrantes merecem viver vidas felizes, saudáveis e seguras. Elas merecem a oportunidade de atingir seu pleno potencial, desfrutar de seus direitos e viver sua vida com dignidade.

Um Plano de Cinco Pontos

Nossas recomendações podem ser resumidas conforme o seguinte:

- Políticas eficazes com foco em gênero devem ser interseccionais, baseadas em direitos e informações oferecidas pelas experiências vividas por mulheres e meninas migrantes. Por exemplo, as políticas de saúde destinadas às comunidades indígenas migrantes devem levar em conta sua cosmovisão particular. Meninas e adolescentes migrantes devem ser levadas em consideração nas políticas públicas, com estratégias de empoderamento e proteção que abordem os riscos específicos que elas enfrentam.

mujeres y niñas migrantes relacionados con el cuidado, la protección y el acceso a servicios de salud, en particular, la salud sexual y reproductiva, así como las recomendaciones formuladas en las tres secciones de este libro requieren de atención urgente, si los gobiernos quieren tomar en serio el desarrollo social, político y económico sostenible y duradero.

Las experiencias de las mujeres, como se describen en este libro, proporcionan una evidencia valiosa para que los responsables de la toma de decisiones y los profesionales reparen las desigualdades de salud de género y faciliten los derechos de las mujeres y niñas migrantes forzadas. Con demasiada frecuencia, las mujeres y niñas son vistas como las últimas en la lista de prioridades y desafortunadamente, ellas se ven a sí mismas como tales. Las políticas de salud y bienestar deben reconocer a las mujeres y las niñas migrantes como personas valiosas y merecedoras de empoderamiento, cuidado y protección. Por encima de todo, los responsables de la formulación de políticas deben prestar atención a sus experiencias porque todas las mujeres y niñas migrantes merecen vivir vidas felices, saludables, seguras y plenas. Merecen la oportunidad de alcanzar su máximo potencial, disfrutar de sus derechos y vivir su vida con dignidad.

Plan de cinco puntos

Nuestras recomendaciones se pueden resumir de la siguiente manera:

- Una política eficaz centrada en el género debe ser interseccional, basada en los derechos e informada por las experiencias vividas por las mujeres y niñas. Por ejemplo, las políticas de salud dirigidas a las comunidades indígenas deben tener en cuenta su cosmovisión particular; y las niñas y adolescentes deben ser visibles en las políticas, con estrategias de empoderamiento y protección que aborden los riesgos específicos que enfrentan.

- A pobreza e a desigualdade socioeconômica estão na raiz da vulnerabilidade de mulheres e meninas migrantes em sociedades misóginas. As políticas públicas devem criar condições para que elas tenham acesso a um emprego formal e decente, com pleno gozo dos direitos trabalhistas e previdenciários. Isso significa garantir a oferta de creches financeiramente acessíveis, apropriadas e de alta qualidade. Da mesma forma, os locais de trabalho devem ser seguros e livres de violência sexual, assédio e exploração, com políticas que abordem o comportamento dos agressores e desafiem atitudes culturais prejudiciais. As mulheres e meninas migrantes também devem ser apoiadas para ter acesso, e permanecer em tempo integral, em educação complementar, a fim de melhorar suas oportunidades no futuro.

- As políticas relativas às responsabilidades de cuidado, violência de gênero e acesso a serviços de saúde sexual e reprodutiva não devem revitimizar mulheres e meninas migrantes, nem colocar nelas a responsabilidade de se proteger da discriminação e da violência que sofrem. As políticas públicas devem reconhecer e abordar o papel dos homens, autoridades, instituições e comunidades anfitriãs na criação e perpetuação da discriminação e violência contra mulheres e meninas migrantes.

- Mulheres e meninas migrantes enfrentam desafios profundos antes, durante e depois da migração, muitas vezes por conta própria ou com redes de apoio severamente reduzidas. A capacidade de acesso à proteção internacional é fundamental para o seu bem-estar. Além disso, espaços seguros para conversar e acessar apoio psicossocial liderados por facilitadoras treinadas em abordagens feministas, ou sensíveis ao gênero, ajudariam muito as mulheres e meninas migrantes a desenvolver redes umas com as outras e se engajarem mais em cuidados pessoais e coletivos.

- *La pobreza y la desigualdad socioeconómica son la raíz de la vulnerabilidad de las mujeres y niñas migrantes en sociedades misóginas. Las políticas deben crear las condiciones para que las mujeres migrantes accedan a un empleo decente y formal, con pleno disfrute de los derechos laborales y de la seguridad social. Esto significa garantizar la provisión de instalaciones de cuidado infantil asequibles, apropiadas y de alta calidad. Del mismo modo, los lugares de trabajo deben ser seguros y libres de violencia sexual, acoso y explotación, con políticas que contemplen el comportamiento de los perpetradores y desafíen las actitudes culturales dañinas. También se debe apoyar a las migrantes para que tengan acceso a una educación a tiempo completo y a una educación superior y puedan permanecer en ellas, a fin de mejorar sus oportunidades en el futuro.*

- *Las políticas sobre el trabajo de cuidado, la violencia de género y el acceso a servicios de salud sexual y reproductiva no deben revictimizar a las mujeres y niñas migrantes, ni atribuir la responsabilidad de protegerse de la discriminación y violencia únicamente a ellas. Las políticas deben reconocer y abordar el papel de los hombres, de las autoridades e instituciones, y de las comunidades de acogida en la creación y perpetuación de la discriminación y la violencia contra las mujeres y niñas migrantes.*

- *Muchas migrantes experimentan profundos desafíos antes, durante y después de la migración, a menudo por su cuenta o con redes de apoyo reducidas. La capacidad de acceder a la protección internacional es primordial para su bienestar. Además, los espacios seguros para hablar y acceder al apoyo psicosocial dirigido por facilitadoras capacitadas en enfoques feministas o sensibles al género contribuirían en gran medida a ayudar a las mujeres y niñas migrantes a desarrollar redes entre sí y a practicar el cuidado de si mismas y colectivo.*

- Para criar soluções eficazes, holísticas, preventivas e duráveis para os desafios de saúde sexual e reprodutiva, os formuladores de políticas públicas devem ouvir as vozes das mulheres e meninas migrantes. Elas devem ser incluídas nos debates e discussões sobre o desenho das políticas públicas. Isso também significa criar políticas de cuidado, saúde e trabalho que empoderem e apoiem a independência econômica e emocional dessas mulheres e adolescentes migrantes. Políticas de saúde devem incluir saúde mental e abordar a violência de gênero. As políticas públicas sobre serviços de saúde sexual e reprodutiva devem ir além de simplesmente fornecer contracepção ou a mitigação de emergências imediatas.

- *Con el fin de crear soluciones efectivas, holísticas, preventivas y duraderas en cuanto a los desafíos de salud sexual y reproductiva, los responsables de la formulación de políticas deben escuchar las voces de las mujeres y niñas migrantes. Las migrantes deben ser incluidas en los debates y discusiones sobre el diseño de políticas. Esto también significa crear políticas de cuidado, salud y trabajo que empoderen y apoyen la independencia económica y emocional. Cualquier política de salud debe incluir la salud mental y políticas que aborden la violencia de género, mientras que las políticas sobre servicios de salud sexual y reproductiva deben ir más allá del mero suministro de anticonceptivos y la mitigación de las las urgencias percibidas.*

Posfácio

A realização do fotolivro

La realización del fotolibro

A pesquisa para este livro se deu entre junho e outubro de 2021. Uma série de oficinas e discussões em grupos focais foi realizada com mais de 30 mulheres e meninas venezuelanas deslocadas que vivem em abrigos ou acessam serviços de apoio na cidade de Manaus, uma das principais cidades de chegada e residência de imigrantes venezuelanos no Brasil. Nos grupos focais, mulheres receberam câmeras, discutiram conosco e chegaram a uma conclusão conjunta sobre os aspectos éticos e técnicos do exercício. As mulheres concordaram em tirar fotos sobre o que consideravam representar 'desafios à saúde sexual e reprodutiva no contexto do deslocamento'.

As coordenadoras do projeto trabalharam com cinco grupos apartados de mulheres e adolescentes migrantes, entre 15 e 49 anos, compostos de 18 mulheres não indígenas, oito mulheres indígenas, e uma adolescente não-indígena. Nós fornecemos oficinas introdutórias a cada grupo referente aos conceitos iniciais e objetivos do fotolivro (destacados abaixo), para discutir coletivamente o que se entendia sobre saúde sexual e reprodutiva e os direitos correspondentes, o que se esperava das atividades, e para explicar técnicas básicas de fotografia. As participantes receberam câmeras digitais compactas e não profissionais (Sony Cyber-shot DSC-W800), e tinham um número limitado de dias para tirar suas fotos. Alguns encontros de suporte e apoio aconteceram durante esse período e, ao final, uma oficina foi conduzida com cada grupo para discutir e selecionar as fotos deste livro.

Nós agradecemos os coordenadores dos abrigos Casa de Acolhimento Tarumã Açu II e Serviço de Acolhimento Institucional Para Adultos e Famílias SAIAF Coroado, bem como da organização não-governamental Associação Hermanitos em Manaus, e colegas da Fiocruz Manaus, que

La investigación para este libro tuvo lugar entre junio y octubre del 2021. Se llevaron a cabo una serie de talleres y discusiones en grupos focales con más de 30 mujeres y niñas venezolanas desplazadas que viven en albergues o que acceden a servicios de apoyo en la ciudad de Manaos, una de las principales ciudades de llegada y asentamiento de migrantes venezolanos en Brasil. En los grupos focales, las mujeres recibieron cámaras y acordamos los aspectos éticos y técnicos del ejercicio. Las mujeres aceptaron tomar fotografías sobre lo que sentían que representaba para ellas 'desafíos para la salud sexual y reproductiva en el contexto del desplazamiento'.

Las coordinadoras del proyecto trabajaron con cinco grupos focales diferentes de mujeres y adolescentes, de entre 15 y 49 años de edad, que comprenden 18 mujeres no indígenas, ocho mujeres indígenas y cinco adolescentes no indígenas. Proporcionamos talleres introductorios en cada grupo para introducir el concepto y los objetivos de la fotovoz (aclarados a continuación), para debatir colectivamente la comprensión y las expectativas de lo que define la salud y los derechos sexuales y reproductivos, y para explicar las habilidades básicas de fotografía. A las participantes se les proporcionaron cámaras digitales compactas no profesionales (Sony Cyber-shot DSC-W800) y se les dio un número limitado de días para tomar fotografías. Se facilitaron sesiones de apoyo durante este tiempo y se llevó a cabo un taller final para comentar y seleccionar las fotos para este libro.

Agradecemos a los coordinadores de los albergues Casa de Acolhimento Tarumã Açú II y Serviço de Acolhimento Institucional Para Adultos e Famílias SAIAF Coroado, así como a la organización no gubernamental Associação Hermanitos en Manaos y colegas de Fiocruz Manaos por facilitar el contacto con las mujeres y

facilitaram os contatos com as mulheres e adolescentes migrantes participantes deste projeto e organizaram os locais para as atividades.

adolescentes migrantes que participaron en este proyecto y por organizar un lugar para los talleres.

Fotovoz

La fotovoz

Fotovoz é uma metodologia artística inovadora que fornece aos participantes da pesquisa câmeras para que documentem, reflitam e comuniquem questões de sua preocupação pessoal e social (Wang e Burris, 1997). Foi desenvolvida por Caroline Wang e Mary Ann Burris como uma forma de promover uma perspectiva de justiça social no âmbito de pesquisas em saúde e para centralizar as vozes de participantes de pesquisa marginalizados (*ibid*, e também Evans-Agnew e Rosemberg, 2016). Metodologias artísticas tais como o fotovoz estão cada vez mais populares no âmbito de pesquisas sobre migração. Elas são valorizadas devido ao seu potencial de abordar e transcender as fronteiras linguísticas, culturais e acadêmicas; por facilitar pesquisas mais igualitárias; e para fornecer dados ricos e complexos sobre as experiências vividas por pessoas em movimento (O'Neill, 2011; Oliveira, 2019; Jeffery et al., 2019).

O fotovoz e outras metodologias artísticas também desempenham um papel importante em decolonizar a pesquisa, porque eles constroem conhecimento dentro das comunidades, com as pessoas afetadas e para elas. Eles permitem que o conhecimento seja obtido dos participantes, que formam e materializam esse conhecimento por meio da reflexão coletiva sobre questões pessoais e comunitárias. O conhecimento contextual produzido ao visualizar e verbalizar as demandas comunitárias têm o potencial de promover uma análise crítica de situações sociais, bem como diálogo sobre políticas públicas a fim de repará-las. Ao fim, diferentes formas de conhecimento, proporcionadas neste caso por meio de imagens coletadas e explicadas pelas próprias mulheres e meninas migrantes

La fotovoz es una metodología innovadora basada en las artes que proporciona cámaras a participantes de la investigación para que puedan documentar, reflexionar y comunicar temas de interés social en general (Wang y Burris, 1997). Fue desarrollado por Caroline Wang y Mary Ann Burris como una forma de promover una perspectiva de justicia social dentro de la investigación sobre la salud al centrar las voces de los participantes de investigación marginados (ibíd., también Evans-Agnew y Rosemberg, 2016). Las metodologías basadas en las artes —como la fotovoz— se están volviendo cada vez más populares dentro de la investigación sobre la migración. Son valoradas por su potencial para atravesar y trascender barreras culturales, lingüísticas y académicas, para facilitar una investigación más igualitaria, y para proporcionar datos más ricos y múltiples experiencias vividas por las personas migrantes (O'Neill, 2011; Oliveira, 2019; Jeffery et al., 2019).

La fotovoz y otras metodologías basadas en las artes también desempeñan un papel importante en la descolonización de la investigación, ya que construyen conocimiento desde dentro de las comunidades, con y para las personas afectadas. Permiten que el conocimiento se adquiera de los participantes, que recopilan este conocimiento a través de la reflexión colectiva sobre cuestiones personales y comunitarias. El conocimiento basado en el contexto producido a través de la visualización y la expresión de las preocupaciones de la comunidad tiene el potencial de promover la evaluación crítica de las situaciones sociales y el diálogo sobre políticas para corregirlas. En última instancia, las diferentes formas de conocer, proporcionadas en este caso a través de imágenes recopiladas y explicadas por las propias mujeres y niñas migrantes que

que refletiram sobre suas experiências vividas, podem levar a diferentes formas de compreensão e mudança (Coemans e Hannes, 2017). Decolonizar a pesquisa está no centro de nossa metodologia para evitar as históricas práticas exploratórias associadas à pesquisa acadêmica sobre pessoas no Sul Global. Essas práticas são mais conhecidas por vitimizar e até mesmo 'desumanizar' (certos) migrantes ao negar sua agência e sua voz (Vanyoro et al., 2019; Mayblin e Turner, 2021; Achiume, 2019; Vergara-Figueroa, 2018).

reflexionaron sobre sus experiencias vividas, pueden conducir a diferentes formas de comprensión y cambio (Coemans y Hannes, 2017). La descolonización de la investigación es el núcleo de nuestra metodología con el fin de evitar las prácticas históricas nocivas asociadas con la investigación de y sobre las personas en el Sur Global. Se sabe que estas tienden a victimizar e incluso 'deshumanizar' (a algunos tipos de) migrantes al negarles agencia y voz (Vanyoro et al., 2019; Mayblin y Turner, 2021; Achiume, 2019; Vergara-Figueroa, 2018).

Nossa abordagem

Nuestro enfoque

Nossa abordagem se centraliza nas mulheres e adolescentes migrantes, a fim de que não só suas necessidades de proteção e saúde sejam visibilizadas, mas também para destacar seus direitos humanos. Nós deliberadamente adotamos uma abordagem que visa 'não causar danos', nem vitimizar as participantes envolvidas. Nosso objetivo consistia em ativamente melhorar as condições das participantes nesta pesquisa, e das migrantes que enfrentam desafios similares, ao utilizar metodologias participativas ou denominadas 'emancipatórias', tais como o fotovoz, para apresentar as vozes de mulheres e adolescentes migrantes que co-criaram conhecimento como co-pesquisadoras. Ao fazê-lo, este livro busca criar relações mais igualitárias no processo investigativo e empoderar as mulheres que contribuíram, ao invés de conceber participantes de pesquisa apenas como informantes passivos (Velez e Tuana, 2020; Thambinathan e Kinsella, 2021). Por meio dessas fotografias, as participantes conseguem controlar a narrativa visual, marcando as fronteiras e os limites do que elas querem que os leitores conheçam de suas experiências. Nós esperamos que nossa abordagem evite a reprodução de hierarquias coloniais no processo de produção de conhecimento. Esperamos que este livro possa contribuir com uma abordagem decolonial e feminista para mudar e enfatizar as sutilezas dos desafios baseados no gênero, muitas

Nuestro enfoque se centra en las mujeres y niñas migrantes para visibilizar sus necesidades en términos de protección y atención en salud, pero también para resaltar sus derechos humanos. Adoptamos deliberadamente un enfoque que tiene como objetivo "no hacer daño" ni victimizar a las involucradas. Nuestro objetivo ha sido mejorar activamente las condiciones de las participantes en esta investigación, y las de aquellas que se enfrentan a los mismos desafíos, mediante el uso de metodologías participativas o llamadas "emancipadoras", como la fotovoz, que representan las voces de las mujeres y adolescentes migrantes que cocrean conocimiento como coinvestigadoras. Al hacerlo, este libro busca crear relaciones más equitativas dentro del proceso de investigación y empoderar al contribuyente en lugar de ver a los participantes de la investigación como informantes pasivos (Vélez y Tuana, 2020; Thambinathan y Kinsella, 2021). A través de estas fotografías, las participantes recuperan el control de la narrativa visual, determinando los límites de la extensión y de las experiencias vividas que quieren que los espectadores vean. Esperamos que nuestro enfoque evite la reproducción de las jerarquías coloniales en el proceso de creación de conocimiento. Esperamos que contribuya a un enfoque feminista decolonial de cambio y subraye los desafíos matizados y a menudo invisibles, específicos de género que enfrentan mujeres y niñas en relación

vezes invisíveis, enfrentados por mulheres e adolescentes migrantes no âmbito dos movimentos transnacionais forçados, incluindo relações de poder preconceituosas e práticas prejudiciais, tanto em seus países de origem quanto nos locais de destino (ver também Freedman, 2016).

Considerações éticas

Métodos de participação visuais tais como o fotovoz estão carregados de uma série de questões éticas. Em primeiro lugar, não é sempre claro, desde o início do projeto, qual será seu resultado final, tendo em vista que ele pode evoluir ao longo do tempo. Assim, era importante que o consentimento informado fosse buscado em um processo dinâmico, ao invés de um evento único. As mulheres podiam retirar seu consentimento em diferentes momentos do processo até a publicação deste fotolivro. Em segundo lugar, se as mulheres que contribuíram com este livro tirassem fotos de outras pessoas que não fossem elas, e que pudessem ser reconhecidas, elas teriam que obter seu consentimento por escrito para publicação, bem como compreender suas responsabilidades no que se refere ao tema. Nenhuma imagem com pessoas reconhecíveis foi publicada ou utilizada neste projeto sem que as pessoas fotografadas as tivessem visto, ou sem o consentimento por escrito. Quaisquer fotos que comprometessem a dignidade das participantes foram destruídas e treinamento foi conduzido para as fotógrafas, a fim de garantir uma abordagem respeitosa nas discussões e depoimentos sobre as fotos.

O processo do fotovoz produziu diferentes tipos de dados: as fotografias, as discussões das fotografias que foram gravadas, e, em alguns casos, as reflexões escritas pelas próprias participantes. Os dados foram gravados e transcritos, e a informação foi anonimizada quando solicitado pelas participantes. Todas as participantes tiveram que assinar uma cláusula de confidencialidade para que a

con la migración, incluidas las relaciones de poder y las prácticas nocivas en sus países de origen y lugares de residencia *(ver también Freedman, 2016).*

Consideraciones éticas

Los métodos participativos visuales, como la fotovoz, presentan una serie de cuestiones éticas específicas. En primer lugar, no siempre está claro desde el principio cuál será el resultado final del proyecto, ya que puede evolucionar con el tiempo. Por lo tanto, es importante que se busque el consentimiento informado como un proceso dinámico y no como un evento "único". A las mujeres participantes se les ofreció la oportunidad de retirar su consentimiento en diferentes momentos del proceso hasta la publicación de este fotolibro. En segundo lugar, si alguna persona que no fuera las mujeres y que contribuyera al libro era reconocible en cualquiera de las imágenes, esta última recibió capacitación sobre cómo buscar su consentimiento informado y sus responsabilidades con respecto a este tema. También se distribuyeron formularios de consentimiento apropiados. No se han publicado ni utilizado imágenes reconocibles en este proyecto sin haber sido vistas por las mismas personas fotografiadas y sin haber recibido su consentimiento por escrito. Cualquier foto que comprometiera la dignidad de los participantes fue destruida y se impartió capacitación a las fotógrafas para garantizar un enfoque respetuoso del encuadre y la discusión de las imágenes.

El proceso de fotovoz proporcionó diferentes tipos de datos: las fotografías en sí, los debates sobre las fotografías grabadas en audio y, en algunos casos, las reflexiones escritas de las participantes. Los datos fueron grabados y transcritos, y la información anonimizada cuando fue solicitada por las participantes. Se exigió a todas las participantes que firmaran una cláusula de confidencialidad para que la información discutida durante los talleres y sobre las personas fotografiadas permaneciera anónima en la medida de lo

informação discutida durante as oficinas sobre outras pessoas continuasse anônima na medida do possível. Para proteger seus direitos, nós utilizamos os dados pessoais mínimos necessários e guiados pelos direitos de proteção de dados para que os resultados da pesquisa sejam confiáveis e precisos.

Todos os protocolos e aplicações éticas observaram os princípios éticos nacionais de pesquisa em Ciências Humanas e Sociais, expressos pela Resolução n. 466 de 12 de dezembro de 2012, do Conselho Nacional de Saúde, no Brasil, bem como as exigidas pelo Conselho de Pesquisa Econômica e Social e pela Universidade de Southampton, ambos no Reino Unido.

posible. Para salvaguardar los derechos, utilizamos los datos personales mínimos necesarios guiados por los derechos de protección de datos para que el resultado de la investigación fuera fiable y preciso.

Todos los protocolos y aplicaciones éticas observaron los principios éticos nacionales de investigación en Ciencias Humanas y Sociales, establecidos por la Resolución del Consejo Nacional de Salud no. 466 de 12 de diciembre de 2012, en Brasil, así como los requeridos por el Consejo de Investigación Económica y Social y la Universidad de Southampton, en el Reino Unido.

Fotos tiradas durante as oficinas e grupos focais, por Aline Fidelix e Lary Gaynett.

Fotografías tomadas durante los talleres y grupos focales, por Aline Fidelix y Lary Gaynett.

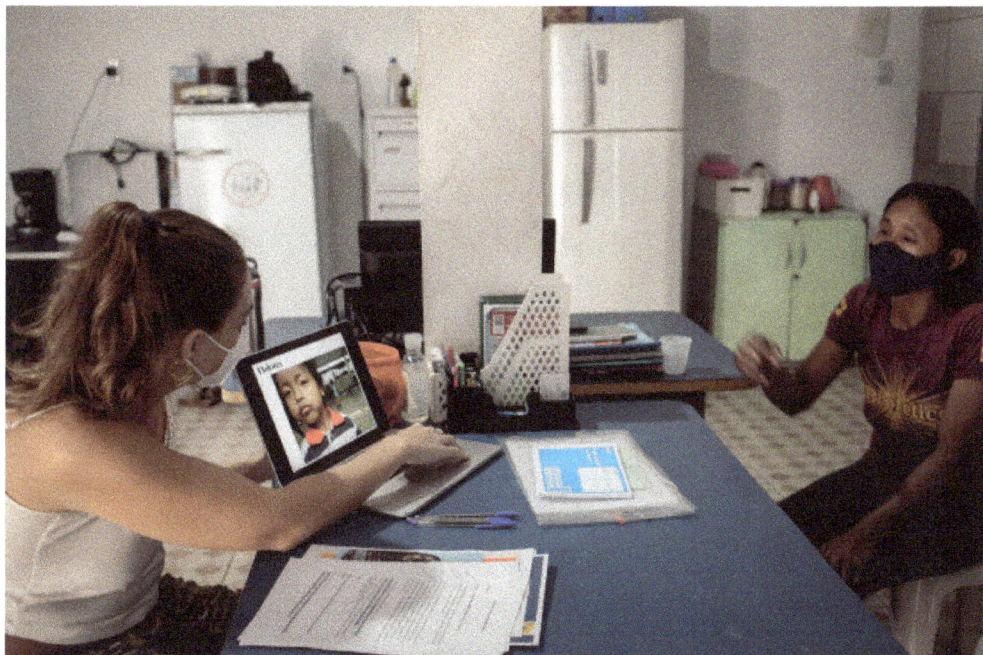

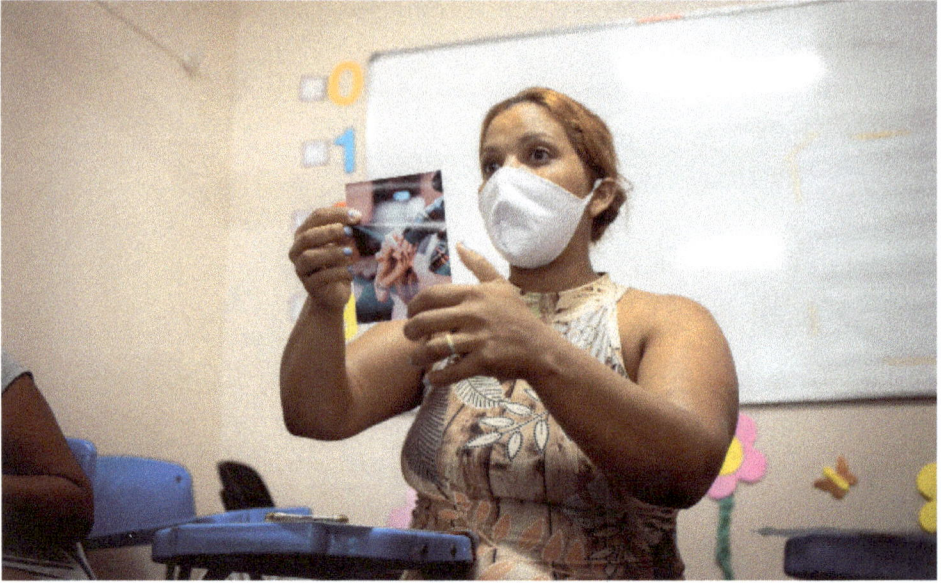

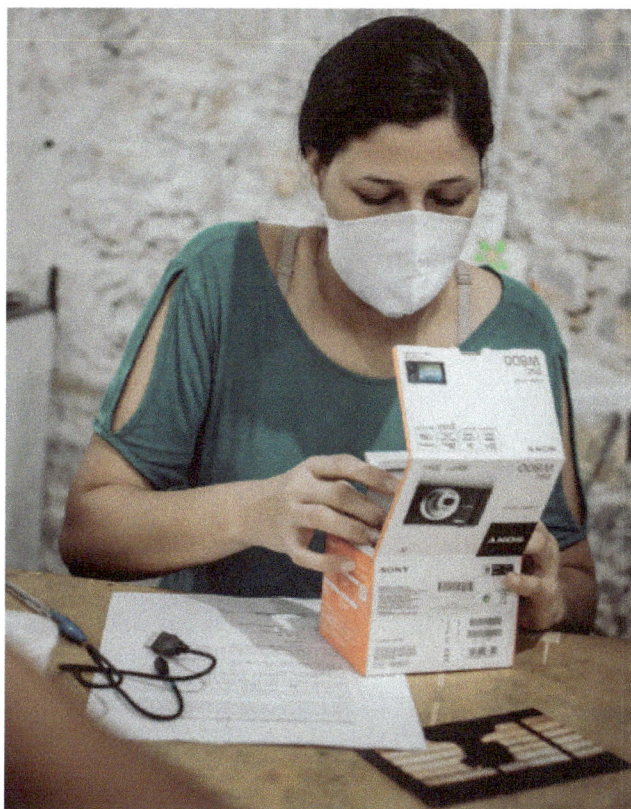

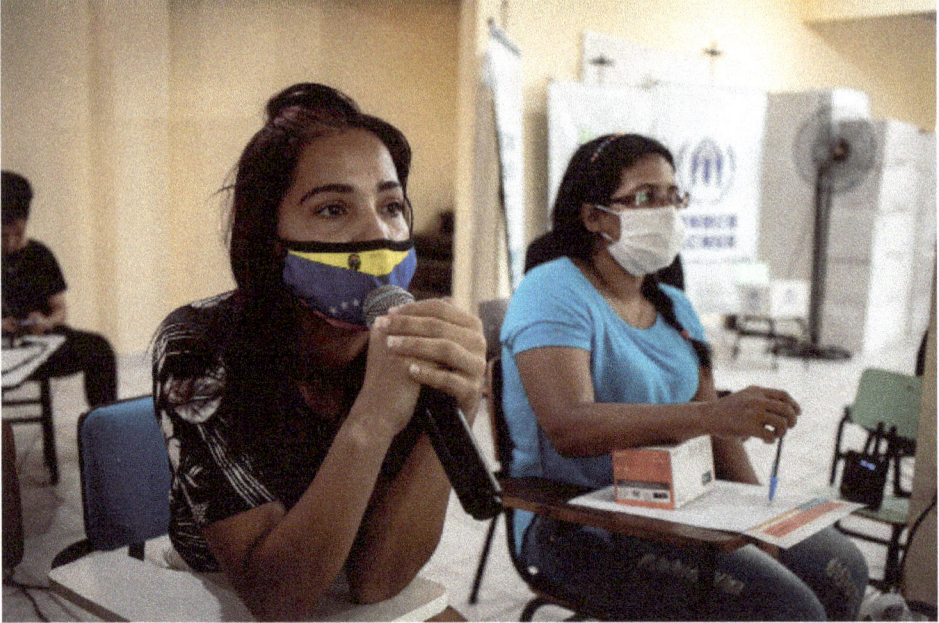

Notas finais

1. As *trochas* são rotas migratórias irregulares que demandam que as mulheres percorram caminhos alternativos e não urbanizados, territórios montanhosos ou tomados por floresta; em que precisam pagar a '*trocheros*', os quais são contrabandistas de migrantes. Isso não apenas torna os trajetos migratórios mais longos e perigosos, como também coloca as migrantes em situações arbitrárias exigidas pelos *trocheros*, que frequentemente demandam pagamentos extras ao longo do caminho, ou mesmo favores sexuais de mulheres migrantes. (Ver Capítulo 3).

2. O Conselho Tutelar pode recorrer ao Artigo 5º do Estatuto da Criança e do Adolescente (ECA) da Lei Federal brasileira (1990, nº 8.069), que estabelece que 'Nenhuma criança ou adolescente será objeto de qualquer forma de negligência, discriminação, exploração, violência, crueldade e opressão, punido na forma da lei qualquer atentado, por ação ou omissão, aos seus direitos fundamentais.'

3. As frases 'nenhuma a menos' ou 'nem uma mais' ('ni una menos' o 'ni una más' em espanhol) são usadas no movimento feminista contemporâneo na América Latina para se referir à inaceitabilidade do feminicídio e às exigências do movimento para acabar com ele e com a impunidade que o cerca.

4. A Sigla LGBTTQIA+ indica lésbicas, gays, bissexuais, pessoas transgêneros e transsexuais, queer, intersexuais, assexuais, entre outras.

5. Ver Lei n. 2848/1940 e a decisão da ADPF 54 do Supremo Tribunal Federal.

6. Geysy Rodriguez é uma assistente social venezuelana, residente no Brasil há 16 anos, que prestou suporte à equipe de pesquisa do fotovoz durante as oficinas com as populações Warao no Abrigo Tarumã Açu II, onde trabalhava na época como cuidadora social.

1. *Viajar en trocha significa caminar por vías (alternativas, secundarias, solitarias) destapadas y no urbanizadas que pasan por zonas de selva y montaña, y usar 'trocheros' (traficantes) quienes se dedican a la trata de seres humanos y la explotación económica de los migrantes. (Vea Capítulo 3)*

2. *El Consejo Tutelar puede apelar al Artículo 5 del Estatuto del niño y del adolescente de la ley federal brasileña (1990, n. 8069) que establece que 'Ningún niño o adolescente será objeto de ninguna forma de negligencia, discriminación, explotación, violencia, crueldad u opresión, sancionando conforme a la ley cualquier atentado, por acción u omisión, a sus derechos fundamentales'.*

3. *Las frases 'ni una menos' y 'ni una más' se utilizan en el movimiento feminista contemporáneo en América Latina para referirse a la inaceptabilidad del feminicidio y las demandas del movimiento para terminar con él y la impunidad que lo rodea.*

4. *Las siglas LGBTQIA+ indican a las personas lesbianas, gays, bisexuales, transgéneros, queers, intersex y asexuales, entre otras. Estos términos se actualizan periódicamente dentro de la comunidad LGBTQIA+.*

5. *Ley número 2848/1940 y sentencia ADPF 54 del Supremo Tribunal Federal de Brasil*

6. *Geysy Rodríguez es asistente social venezolana. Vive en Brasil desde hace 16 años. Apoyó al equipo fotovoz durante los talleres con mujeres Warao en el centro de acogida Tarumã Açu II, donde ella trabaja en aquel momento como asistente social.*

7. *Pacto Internacional de derechos económicos, sociales y culturales (1966), artículo 12; Convención sobre la eliminación de la discriminación contra la mujer (1979), artículo 12; Convención internacional sobre la eliminación de la discriminación racial (1965), artículo 5(e) (iv); Convención sobre los derechos del niño (1989), artículo 24.*

8. *Ibid.*

7. Pacto Internacional dos Direitos Econômicos, Sociais e Culturais (1966), artigo 12; Convenção sobre a eliminação da discriminação contra a mulher (1979), artigo 12; Convenção internacional sobre a eliminação da discriminação racial (1965), artigo 5(e)(iv); Convenção sobre os direitos da criança (1989), artigo 24.
8. *Ibid*.

Bibliografia

Achiume, T. (2019) 'Migration as Decolonization', Stanford Law Review 71: 1509–1574 <https://blogs.law.columbia.edu/abolition1313/files/2020/08/Migration-as-Decolonization.pdf> [accessed 28 October 2022].

Ahmed, S. (2017) Living a Feminist Life, Durham, NC: Duke University Press.

Amnesty International (2018) 'Fleeing the Country to Give Birth: The Exodus of Pregnant Venezuelan Women' [website] <https://www.amnesty.org/en/latest/news/2018/05/huir-para-ver-la-luz-el-exodo-de-las-embarazadas-venezolanas> [accessed 15 November 2021].

Araújo, N.M. (2021) 'Country Fiche Brazil' [report] The Asile Project <www.asileproject.eu/wp-content/uploads/2021/03/Country-Fiche_BRAZIL_Final_Pub.pdf> [accessed 10 March 2022].

Barot, S. (2017) 'In a State of Crisis: Meeting the Sexual and Reproductive Health Needs of Women in Humanitarian Situations', Guttmacher Policy Review 20: 24–30.

Brumat, L. and Freier, F. (2020) 'South American De Jure and De Facto Refugee Protection: Lessons from the South' [website] The Asile Project <www.asileproject.eu/south-american-de-jure-and-de-facto-refugee-protection> [accessed 15 November 2021].

Brumat, L. and Finn, V. (2021) 'Mobility and Citizenship During Pandemics: The Multilevel Political Responses in South America', Partecipazione e conflitto 14: 322–340 <https://hdl.handle.net/1814/72604>.

CARE International (2020) 'An Unequal Emergency: CARE Rapid Gender Analysis of the Refugee and Migrant Crisis in Colombia, Ecuador, Peru and Venezuela' [report] <www.care.org.ec/wp-content/uploads/2020/08/ENG_LAC_Regional_VZ_RGA_FINAL_compressed.pdf>.

Centro de los Objetivos de Desarrollo Sostenible para América Latina (CODS) (2021) 'Perspectivas de la Salud en Venezuela: Insumos para el Debate de una Agenda de Investigación' [website] <https://cods.uniandes.edu.co/perspectivas-de-la-salud-en-venezuela-insumos-para-el-debate-de-una-agenda-de-investigacion> [accessed 11 February 2022].

Christian, J.M. and Dowler, L. (2019) 'Slow and Fast Violence: A Feminist Critique of Binaries', ACME: An International Journal for Critical Geographies 18: 1066–1075.

Coemans, S. and Hannes, K. (2017) 'Researchers under the Spell of the Arts: Two Decades of Using Arts-Based Methods in Community-Based Inquiry with Vulnerable Populations', Educational Research Review 22: 34–49 <https://doi.org/10.1016/j.edurev.2017.08.003>.

Doocy, S., Page, K.R., de la Hoz, F., Spiegel, P. and Beyrer, C. (2019) 'Venezuelan Migration and the Border Health Crisis in Colombia and Brazil', Journal on Migration and Human Security 7: 79–91 <https://doi.org/10.1177/2331502419860138>.

Dutta, D., Martínez Franzoni, J., Morgan, R. and Pearson, R. (2021) 'Unpaid Care Work and Covid-19: A Missed Opportunity to Recognise, Value and Take Action?' [Webinar] Interdisciplinary Global Development Centre <www.youtube.com/watch?v=PX-ibMN8Vy8> [accessed 20 March 2021].

Evans-Agnew, R.A. and Rosemberg, M.S. (2016) 'Questioning Photovoice Research: Whose Voice?', Qualitative Health Research 26: 1019–1030 <https://doi.org/10.1177/1049732315624223>.

Freedman, J. (2014) 'Treating Sexual Violence as a "Business": Reflections on National and International Responses to Sexual and Gender-Based Violence in the Democratic Republic of Congo', Gendered Perspectives on Conflict and Violence: Part B: 125–143 <https://doi.org/10.1108/S1529-21262014000018B009>.

Freedman, J. (2015) Gendering the International Asylum and Refugee Debate, 2nd edn, Basingstoke: Palgrave Macmillan.

Freedman, J. (2016) 'Sexual and Gender-Based Violence Against Refugee Women: A Hidden Aspect of the Refugee "Crisis"', Reproductive Health Matters 24: 18–26 <https://doi.org/10.1016/j.rhm.2016.05.003>.

Gil, S. (2017) 'Obstetric Violence and Human Rights in Brazil: What Happened, Mrs. Adelir de Goés?', London School of Economics [blog] <https://blogs.lse.ac.uk/humanrights/2017/02/06/obstetric-violence-and-human-rights-in-brazil-what-happened-mrs-adelir-de-goes/> [accessed: 11 February 2022].

Guerra, K. and Ventura, M. (2017) 'Bioética, Imigração e Assistência à Saúde: Tensões e Convergências sobre o Direito Humano à Saúde no Brasil na Integração Regional dos Países', Cadernos Saúde Coletiva 25: 123–29 <https://doi.org/10.1590/1414-462X201700010185>.

Grugel, J., Barlow, M., Lines, T., Giraudo, M.E. and Omukuti, J. (2022) The Gendered Face of Covid-19: The Development, Gender and Health Nexus in the Global South, Bristol: University of Bristol Press.

Hammoud-Gallego, O. and Freier, L. (2022) 'Symbolic Refugee Protection: Why Latin America Passed Progressive Refugee Laws Never Meant to Use', London School of Economics [blog] <https://blogs.lse.ac.uk/latamcaribbean/2022/10/06/refugee-protection-latin-america-refugee-laws-never-used/> [accessed 1 November 2022].

Harcourt, W. (2016) The Palgrave Handbook of Gender and Development, London: Palgrave Macmillan.

Herrero-Arias, R., Hollekim, R., Haukanes, H. and Vagli, A. (2021) 'The Emotional Journey of Motherhood in Migration: The Case of Southern European Mothers in Norway', Migration Studies 9: 1230–1249 <https://doi.org/10.1093/migration/mnaa006>.

Htun, M. and Power T. (2006) 'Gender, Parties, and Support for Equal Rights in the Brazilian Congress', Latin American Politics and Society 48: 83-104 <https://doi.org/10.1111/j.1548-2456.2006.tb00366.x>.

International Rescue Committee (2022) 'What is Happening in Venezuela?' [website] <https://www.rescue.org/article/what-happening-venezuela> [accessed 28 October 2022].

Jeffery, L., Palladino, M., Rotter, R. and Woolley, A. (2019) 'Creative Engagement with Migration', Crossings: Journal of Migration and Culture 10: 3-17 <https://doi.org/10.1386/cjmc.10.1.3_1>.

Jubilut, L. (2007) O Direito Internacional Dos Refugiados e sua Aplicação no Ordenamento Jurídico Brasileiro, São Paulo: Método.

Jubilut, L. and Silva, J.C.J. (2020) 'COVID-19 at the Brazil-Venezuela Borders: The Good, the Bad and the Ugly', Open Democracy [website] <www.opendemocracy.net/en/pandemic-border/covid-19-brazil-venezuela-borders-good-bad-and-ugly/> [accessed 12 March 2022].

Kinouani, G. (2016) 'Since I Gave You a Phone It's Not Rape', Open Democracy [website] <www.opendemocracy.net/en/5050/since-i-gave-you-phone-it-s-not-rape/> [accessed 1 February 2022]

Do Carmo Leal, M., Nogueira da Gama, S.G., Esteves Pereira, A.P., Eufrauzino Pacheco, V., Nascimento do Carmo, C. and Ventura Santos, R. (2017) 'A Cor da Dor: Iniquidades Raciais na Atenção Pré-natal e ao Parto no Brasil', Caderno do Saúde Pública 33: 1-17 <https://doi.org/10.1590/0102-311X00078816>.

Leite, T.H., Souza Marques, E., Esteves Pereira, A.P., Fisher Nucci, M., Portella, Y. and do Carmo Leal, M. (2022) 'Disrespect and Abuse, Mistreatment and Obstetric Violence: A Challenge for Epidemiology and Public Health in Brazil', Ciência & Saude Coletiva 27: 483–491 <https://doi.org/10.1590/1413-81232022272.38592020>.

Makuch, M.Y., D. Osis, M.J., Brasil, C. de Amormim, H.S.F. and Bahamondes, L. (2021) 'Reproductive Health Among Venezuelan Migrant Women at the North Western Border of Brazil: A Qualitative Study' Journal of Migration and Health 4:1-8 <https://doi.org/10.1016/j.jmh.2021.100060>.

Mayblin, L. and Turner, J. (2021) Migration Studies and Colonialism, Cambridge, UK: Polity Press.

Mayo Hernández, R. (2010) Reconstrucción Etnohistórica de Mosú, Pueblo Warao del Estado Monagas: Propuesta para su Revitalización Cultural Parte 2 [Online essay] <http://bdigital.ula.ve/storage/pdf/33579.pdf> [accessed 12 March 2022].

Mello, P.C. (2021) 'Number of Homeless Venezuelan Refugees Explodes on Brazilian Border', Folha de S.Paulo [newspaper] <https://www1.folha.uol.com.br/internacional/en/world/2021/09/number-of-homeless-venezuelan-refugees-explodes-on-brazilian-border.shtml> [accessed 10 March 2022].

Menjívar, C. and Walsh, S.D. (2017) 'The Architecture of Feminicide: The State, Inequalities, and Everyday Gender Violence in Honduras', Latin American Research Review 52: 221–240 <https://doi.org/10.25222/larr.73>.

Moulin, C. and Magalhães, B. (2020) 'Operation Shelter as Humanitarian Infrastructure: Material and Normative Renderings of Venezuelan Migration in Brazil', Citizenship Studies 24: 642–662.

Office of the High Commissioner for Human Rights (OHCHR) (2019) 'Human Rights in the Bolivarian Republic of Venezuela: Report of the United Nations High Commissioner for Human Rights on the Situation of Human Rights in the Bolivarian Republic of Venezuela' [document] <https://www.ohchr.org/EN/HRBodies/HRC/RegularSessions/Session41/Documents/A_HRC_41_18.docx> [Accessed 22 November 2021].

De Oliveira, G.A.G. (2019) 'Use of the Brazilian Military Component in the Face of Venezuela's Migration Crisis', Military Review [online magazine] <https://www.armyupress.army.mil/Journals/Military-Review/English-Edition-Archives/May-June-2019/> [accessed 12 March 2022].

O'Neill, M. (2011) 'Participatory Methods and Critical Models: Arts, Migration and Diaspora', Crossings: Journal of Migration and Culture 2: 13–37 <https://doi.org/10.1386/cjmc.2.13_1>.

Owen, D. (2020) What Do We Owe to Refugees?, Cambridge, UK; Medford, MA: Polity.

Oxfam (2020) 'Time to Care: Unpaid and Underpaid Care Work and the Global Inequality Crisis' [report] <https://policy-practice.oxfam.org/resources/time-to-care-unpaid-and-underpaid-care-work-and-the-global-inequality-crisis-620928/> [accessed 13 June 2021].

Pan American Health Organization (2019) 'Technical Brief: Gender Equality in Addressing the Causes and Consequences of the Health of Migrant Women' [Report] <https://www.paho.org/en/file/52001/download?token=sY8NUd1y> [accessed 15 November 2021].

Pineros-Leano, M., Yao, L., Yousuf, A. and Oliviera, G. (2021) 'Depressive Symptoms and Emotional Distress of Transnational Mothers: A Scoping Review', Frontiers in Psychiatry 12: 1–12 <https://doi.org/10.3389/fpsyt.2021.574100>.

La Plataforma de Coordinación Interagencial para Refugiados y Migrantes (R4V) (2022) 'RV4 Latin America and the Caribbean, Venezuelan Refugees and Migrants in the Region' [Report] <https://r4v.info/en/document/r4v-latin-america-and-caribbean-venezuelan-refugees-and-migrants-region-february-2022> [accessed 17 March 2022].

Rai, S.M., Hoskyns, C. and Thomas, D. (2014). 'Depletion: The Cost of Social Reproduction', International Feminist Journal of Politics 16: 86–105 <https://doi.org/10.1080/14616742.2013.789641>.

Republica Bolivariana de Venezuela (2014) 'Ley Orgánica Sobre el Derecho de las Mujeres a una Vida Libre de Violencia', Gaceta Oficial No. 40.548 [website] <https://oig.cepal.org/sites/default/files/2014_ven_feminicidio_ley_organica_sobre_derecho_de_mujeres_a_una_vida_libre_de_violencia_25_11_14-1.pdf> [accessed 28 October 2022].

Riggirozzi, P. (2021) 'Everyday Political Economy of Human Rights to Health: Dignity and Respect as an Approach to Gendered Inequalities and Accountability', New Political Economy 26: 735–747 <https://doi.org/10.1080/13563467.2020.1841144>.

Rosa, M. (2020) 'A mobilidade Warao no Brasil e os Modos de Gestão de uma População em Trânsito: Reflexões a Partir das Experiências de Manaus-AM e de Belém-PA' [PhD Thesis] Universidade Federal do Rio de Janeiro, Museu Nacional.

Thambinathan, V. and Kinsella, E.A. (2021) 'Decolonizing Methodologies in Qualitative Research: Creating Spaces for Transformative Praxis', International Journal of Qualitative Methods 20: 1–9 <https://doi.org/10.1177/16094069211014766>.

True, J. (2012) The Political Economy of Violence against Women, Cary: Oxford University Press.

United Nations Population Fund (UNFPA) (2016) 'Refugees' and Migrants' Reproductive Health Needs Overlooked' [webiste] https://arabstates.unfpa.org/en/news/refugees%E2%80%99-and-migrants%E2%80%99-reproductive-health-needs-overlooked> [accessed 1 March 2022].

United Nations Children's Fund (UNICEF) (2021) Maternal Mortality [Online] <https://data.unicef.org/topic/maternal-health/maternal-mortality/> [accessed 11 February 2022].

United Nations Refugee Agency (UNHCR) (2021) 'Os Warao No Brasil' La Agencia de la ONU para los Refugiados (ACNUR) [report] <www.acnur.org/portugues/wp-content/uploads/2021/04/WEB-Os-Warao-no-Brasil.pdf> [accessed 1 July 2021].

UNHCR (2018) 'Venezuela Situation: Responding to the Needs of People Displaced from Venezuela' [report] <www.unhcr.org/5ab8e1a17.pdf> [accessed 13 February 2022].

Valdez, E.S., Valdez, L.A. and Sabo, S. (2015) 'Structural Vulnerability Among Migrating Women and Children Fleeing Central America and Mexico: The Public Health Impact of "Humanitarian Parole"', Frontiers in Public Health 3: 163, pp. 1–8 <https://doi.org/10.3389/fpubh.2015.00163>.

Vanyoro, K.P., Hadj-Abdou L. and Dempster, H. (2019) 'Migration Studies: From Dehumanising to Decolonising', London School of Economics [blog] <https://blogs.lse.ac.uk/highereducation/2019/07/19/migration-studies-from-dehumanising-to-decolonising/> [accessed 11 February 2022].

Velez, E.D. and Tuana, N. (2020) 'Toward Decolonial Feminisms: Tracing the Lineages of Decolonial Thinking through Latin American/Latinx Feminist Philosophy', Hypatia 35: 366–372 <https://doi.org/10.1017/hyp.2020.26>.

Vergara-Figueroa, A. (2018) Afrodescendant Resistance to Deracination in Colombia: Massacre at Bellavista-Bojaya-Chocó, Cham: Palgrave Macmillan.

Wang, C. and Burris, M.A. (1997) 'Photovoice: Concept, Methodology, and Use for Participatory Needs Assessment', Health Education & Behavior 2: 369–387 <https://doi.org/10.1177/109019819702400309>.

Weissman, A.L. and Hall, L.B. (2020). 'The Global Politics of Maternality' in Hall, L.B., Weissman, A.L. and Shepherd, L.J. (eds.), Troubling Motherhood: Maternality in Global Politics, pp. 1–14, New York: Oxford University Press.

Wilbert, W. and Lafée-Wilbert, C.A. (2011), 'Fitoterapia Warao: Fundamentos Teóricos' in Freire, G. (ed.), Perspectivas en Salud Indígena: Cosmovisión, Enfermedad y Políticas Públicas, pp. 307–326, Quito, Ecuador: Ediciones Abya-Yala.

World Health Organization (WHO) (2021) 'Gender-Based Violence is a Public Health Issue: Using a Health Systems Approach' [website] <https://www.who.int/news/item/25-11-2021-gender-based-violence-is-a-public-health-issue-using-a-health-systems-approach> [accessed 20 February 2022].

Zapata, G.P. and Tapia Wenderoth, V. (2021) 'Progressive Legislation but Lukewarm Policies: The Brazilian Response to Venezuelan Displacement', International Migration 00: 1– 20 <https://doi.org/10.1111/imig.12902>.

www.ingramcontent.com/pod-product-compliance
Lightning Source LLC
Chambersburg PA
CBHW052030030426
42337CB00027B/4933